中华精神家园

传统美德

谦和好礼

为人处世的美好情操

肖东发 主编　戚光英 编著

中国出版集团
现代出版社

图书在版编目（CIP）数据

谦和好礼 / 戚光英编著. — 北京：现代出版社，2014.10（2021.7重印）
（中华精神家园书系）
ISBN 978-7-5143-3007-6

Ⅰ. ①谦… Ⅱ. ①戚… Ⅲ. ①品德教育－中国－通俗读物 Ⅳ. ①D648-49

中国版本图书馆CIP数据核字(2014)第236314号

谦和好礼：为人处世的美好情操

主　　编：肖东发
作　　者：戚光英
责任编辑：王敬一
出版发行：现代出版社
通信地址：北京市定安门外安华里504号
邮政编码：100011
电　　话：010-64267325 64245264（传真）
网　　址：www.1980xd.com
电子邮箱：xiandai@cnpitc.com.cn
印　　刷：三河市嵩川印刷有限公司
开　　本：710mm×1000mm　1/16
印　　张：11
版　　次：2015年4月第1版　2021年7月第3次印刷
书　　号：ISBN 978-7-5143-3007-6
定　　价：40.00元

党的十八大报告指出："文化是民族的血脉，是人民的精神家园。全面建成小康社会，实现中华民族伟大复兴，必须推动社会主义文化大发展大繁荣，兴起社会主义文化建设新高潮，提高国家文化软实力，发挥文化引领风尚、教育人民、服务社会、推动发展的作用。"

我国经过改革开放的历程，推进了民族振兴、国家富强、人民幸福的中国梦，推进了伟大复兴的历史进程。文化是立国之根，实现中国梦也是我国文化实现伟大复兴的过程，并最终体现为文化的发展繁荣。习近平指出，博大精深的中国优秀传统文化是我们在世界文化激荡中站稳脚跟的根基。中华文化源远流长，积淀着中华民族最深层的精神追求，代表着中华民族独特的精神标识，为中华民族生生不息、发展壮大提供了丰厚滋养。我们要认识中华文化的独特创造、价值理念、鲜明特色，增强文化自信和价值自信。

如今，我们正处在改革开放攻坚和经济发展的转型时期，面对世界各国形形色色的文化现象，面对各种眼花缭乱的现代传媒，我们要坚持文化自信，古为今用、洋为中用、推陈出新，有鉴别地加以对待，有扬弃地予以继承，传承和升华中华优秀传统文化，发展中国特色社会主义文化，增强国家文化软实力。

浩浩历史长河，熊熊文明薪火，中华文化源远流长，滚滚黄河、滔滔长江，是最直接的源头，这两大文化浪涛经过千百年冲刷洗礼和不断交流、融合以及沉淀，最终形成了求同存异、兼收并蓄的辉煌灿烂的中华文明，也是世界上唯一绵延不绝而从没中断的古老文化，并始终充满了生机与活力。

中华文化曾是东方文化摇篮，也是推动世界文明不断前行的动力之一。早在500年前，中华文化的四大发明催生了欧洲文艺复兴运动和地理大发现。中国四大发明先后传到西方，对于促进西方工业社会的形成和发展，曾起到了重要作用。

中华文化的力量，已经深深熔铸到我们的生命力、创造力和凝聚力中，是我们民族的基因。中华民族的精神，也已深深植根于绵延数千年的优秀文化传统之中，是我们的精神家园。

总之，中华文化博大精深，是中国各族人民五千年来创造、传承下来的物质文明和精神文明的总和，其内容包罗万象，浩若星汉，具有很强的文化纵深，蕴含丰富宝藏。我们要实现中华文化伟大复兴，首先要站在传统文化前沿，薪火相传，一脉相承，弘扬和发展五千年来优秀的、光明的、先进的、科学的、文明的和自豪的文化现象，融合古今中外一切文化精华，构建具有中国特色的现代民族文化，向世界和未来展示中华民族的文化力量、文化价值、文化形态与文化风采。

为此，在有关专家指导下，我们收集整理了大量古今资料和最新研究成果，特别编撰了本套大型书系。主要包括独具特色的语言文字、浩如烟海的文化典籍、名扬世界的科技工艺、异彩纷呈的文学艺术、充满智慧的中国哲学、完备而深刻的伦理道德、古风古韵的建筑遗存、深具内涵的自然名胜、悠久传承的历史文明，还有各具特色又相互交融的地域文化和民族文化等，充分显示了中华民族的厚重文化底蕴和强大民族凝聚力，具有极强的系统性、广博性和规模性。

本套书系的特点是全景展现，纵横捭阖，内容采取讲故事的方式进行叙述，语言通俗，明白晓畅，图文并茂，形象直观，古风古韵，格调高雅，具有很强的可读性、欣赏性、知识性和延伸性，能够让广大读者全面接触和感受中国文化的丰富内涵，增强中华儿女民族自尊心和文化自豪感，并能很好继承和弘扬中国文化，创造未来中国特色的先进民族文化。

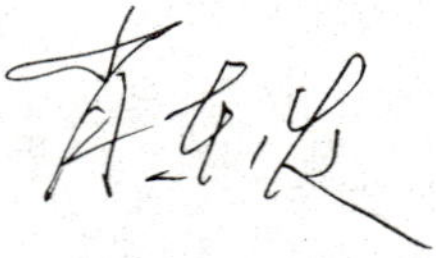

2014年4月18日

礼仪之源——知礼明仪

传承发扬——恭敬有礼

践礼典范——谦和为怀

以礼相待——有礼有节

礼仪之源

知礼明仪

我国素有“礼仪之邦”的美誉。中华之“礼”源远流长，早在西周时期，就已经成为维护治国的核心政治思想，形成了完整的礼治理论体系。它发端于周公，奠基于孔子，发展于荀子，经过先秦时期思想家们的努力，自成体系，贯穿于我国数千年的历史发展过程中，成为传统儒家政治理论的核心组成部分。

“礼”，是中华民族道德修养的重要内容，它不但为人们的处世原则和方法提供了一个绝好的坐标，而且体现了中华民族谦和好礼的美好情操。

周公创制礼乐制度

中华之“礼”发端于周公，是周公通过制定周王朝典章制度，开启了中华民族以礼为人处世的先河。

那是在周武王灭商朝建周朝之后，为了加强对国家的管理，实行了“封诸侯，建同姓”的政策，把周王室贵族分封到各地，建立西周王朝的属国。周武王去世后，年幼的周成王继位，周武王的弟弟周公辅政。

这时，周公的兄弟管叔、蔡叔和霍

■周公　姓姬，名旦。因封地在周，故称周公，因谥号为文，又称周文公。我国西周初期杰出的政治家、军事家和思想家，被尊为儒学的奠基人，孔子一生最崇敬的古代圣人之一。我国历史上有很多周公之说。他曾先后辅助周武王灭商朝、周成王治国。制定和完善宗法、分封等各种制度，使西周时期奴隶制获得进一步的巩固。

周公东征平叛图

叔等人勾结商纣子武庚和徐、奄等东方夷族反叛。周公毅然出师，3年后平定叛乱，并将国家势力扩展至东海。

为了控制东征后新占领的东部地区，周成王封周公的儿子伯禽为鲁国的国君，建立鲁国，管理徐、奄之民和从殷都迁来的移民，担负稳定东部地区局势，充当周王朝政权藩屏的任务。

临行前，周公告诫伯禽说：“你不要因为当了国君就骄傲起来而怠慢了士人。我在国家中地位是不低的，但是我还是谦虚待人，总担心因为自己工作做得不好，而失去天下的士人。你到鲁国去，绝对不要因为是国君就看不起人。”

伯禽又问周公：“请问如何治鲁？采用什么方法有效？”

周公说：“品德高尚而能恭恭敬敬者必定会发达兴旺；属地广大富庶而能节俭者必定会安宁，官高位

伯禽 周公旦长子，西周初期人。周代鲁国的第一任国君。周武王去世后，发生武庚、管蔡之乱，连带东方诸国也起兵，周公东征后，平定了叛乱，统一了国家。为加强对东方的管理，周成王封伯禽为鲁国国君。

王畿 也叫“王城”“京畿”。周代指京都镐京、东都洛邑及其周围由周王直接管理的直辖区域，即王城周围500千米的地域。这一区域划分，是根据周公制定的典章制度来确定的。周王畿一带原为夏人旧地。王畿是政治、文化中心。

显而待人谦逊者，必定会越受人尊敬；兵多将强而不轻敌者，必能取胜；聪明智慧而又自以为愚者，必能不断进步；学识渊博而又自以为浅薄，虚心学习者，必定能日益增长见识。这六者都是谦虚的表现。所以《易经》中说，有一种品德，大足以守天下，中足以守国家，小足以守身，这就是谦虚啊！”

伯禽到了鲁国以后，遵照父亲的教导来对待臣民，治理国家。当时鲁国君臣团结，社会风气也很好。鲁国被人称为“礼仪之邦”。

周公是一位德才兼备并且忠心耿耿的臣子，他还在周成王时，营建东都洛邑，就是现在的洛阳，并在洛邑开始了制定各种典章制度的工作。

周公在“分邦建国”的基础上总结、继承和完善，系统地建立了一整套有关“礼”“乐”的完善制度。这就是后世所谓的“周公制礼作乐”。

周公所制的礼，集中体现在“五经”之一的《周

周公分封诸侯

周公辅政浮雕

礼》中。《周礼》，又称《周官》，有时也称《周官礼》，是一部通过官制来表达治国方案的著作。

它涉及的内容极为丰富。大至天下九州，天文历象；小至沟洫道路，草木虫鱼。凡邦国建制，政法文教，礼乐兵刑，赋税度支，膳食衣饰，寝庙车马，农商医卜，工艺制作，各种名物、典章、制度，无所不包。堪称“上古文化史之宝库”。

西周时期的礼法相传是相关政治准则、道德规范和各项典章制度的总称。周公规定了国都地点的选择、王畿和九畿的分布、地方居民组织，体现了古代阴阳五行思想，显示了相当成熟的政治思想和高超的运筹智慧。

周公规定贵族饮宴列鼎的数量和肉食种类：王九鼎包括牛、羊、乳猪、干鱼、干肉、牲肚、猪肉、鲜鱼、鲜肉干；诸侯七鼎包括牛、羊、乳猪、干鱼、干

九畿 相传古时以方圆千里的王城为中心，王城以外2500千米之内，自内而外，每250千米为一畿，共有侯畿、甸畿、男畿、采畿、卫畿、蛮畿、夷畿、镇畿、藩畿等，为各级诸侯之领地以及外族所居之地。九畿大小相套，依次迭远。

周公吐哺浮雕

肉、牲肚、猪肉；卿大夫五鼎包括羊、乳猪、干鱼、干肉、牲肚；士三鼎包括乳猪、干鱼、干肉。

乐舞数量也有差异。这些制度自制定后，任何人都不能修改。周王有权惩罚违礼的贵族。周公的礼乐制度还包括“爵谥”制、“法”制、“嫡长子继承”制和“乐”制等。其中最重要的是嫡长子继承制和贵贱等级制。

周公对夏殷历史是了如指掌的，当时没有严密的继承制，所以他不能不考虑商代灭亡的经验教训。

殷的传弟和传子的并存，曾导致了“九世之乱”。传弟终究还要传子，这本来是生物的规律。

周孝王　（？年—前886年），周共王之弟，周懿王的叔叔。周懿王病故，理应由太子继位，但是太子懦弱无能，能干的辟方就乘机夺取了王位。他一直想复兴周王朝，但是，才刚刚即位6年，就病故了。

传子和传弟有传长、传幼和传贤的矛盾。传弟更有个传弟之子和传兄之子的矛盾。这些矛盾的存在，往往导致王室纷争，王室纷争又会导致王权衰落。

周公确立的嫡长子继承制，即以血缘为纽带，规定周天子的王位由嫡长子继承。同时把其他庶子分封为诸侯卿大夫。他们与天子的关系是地方与朝廷、小宗与大宗的关系。

自周公以后，周成王、周康王、周昭王、周穆王、周共王、周懿王，除去周孝王外直至周幽王都是传子的，这不是偶然的，这种制度即嫡长子继承制的确立应归功于周公。

嫡长子继承制确立以后，只有嫡长子有继承权，这样就在法律上免除了嫡子以外的旁支兄弟争夺王位，起到稳定和巩固管理秩序的作用。嫡长子继承制是宗法制的核心内容。

周公还制定了一系列严格的君臣、父子、兄弟、亲疏、尊卑、贵贱的礼仪制度，以调整朝廷和地方、

九世之乱 是商代自商王仲丁后，连续发生王位纷争，又屡次迁都，使王朝衰败、诸侯离叛。这一动乱历经仲丁、外壬、河亶甲、祖乙、祖辛、沃甲、祖丁、南庚、阳甲九王，故名“九世之乱”。九世之乱延续近百年，直至盘庚迁殷后才最终结束。

周公辅政蜡像

周公与群臣图

王侯与臣民的关系，加强朝廷政权的管理。

周公所制定的“礼”，是维护管理者等级制度的政治准则、道德规范和各项典章制度的总称，后来发展为区分贵贱尊卑的等级教条。“乐”则是配合各贵族进行礼仪活动而制作的舞乐。舞乐的规模，必须同享受的级别保持一致。

“礼”强调的是“别”，即所谓“尊尊”；“乐”的作用是“和”，即所谓“亲亲”。有别有和，是巩固内部团结的两方面。“礼”所要解决的中心问题是尊卑贵贱的区分，即宗法制，进一步讲是继承制的确立。

周公把宗法制和政治制度结合起来，创立了一套完备地服务于奴隶制的上层建筑。

周天子是天下大宗，而姬姓诸侯对周天子来说是小宗。这些诸侯在自己封国内是大宗，同姓卿大夫又是小宗，这样组成一个宝塔形结构，它的顶端是周天

礼 在我国古代是社会的典章制度和道德规范。作为典章制度，它是社会政治制度的体现，是维护上层建筑以及与之相适应的人与人交往中的礼节仪式。作为道德规范，它是国家领导者和贵族等一切行为的标准和要求。礼是一个人为人处世的根本。也是人之所以为人的一个标准。

子。周代大封同姓诸侯，目的之一是要组成这个以血缘纽带结合起来的政权结构，比殷代的联盟形式前进了一大步。

周代同姓不婚，周天子对异姓诸侯则视为甥舅关系。血缘婚姻关系组成了周代人的管理系统。这在当时的具体条件下，形成一种以华夏族为主体的层次分明的政权机构，一种远比殷人的管理更为进步的机构。

由宗法制必然推演出维护父尊子卑、兄尊弟卑、天子尊、诸侯卑的等级森严的礼法。这种礼法是隶属关系的外在化。反过来它又起到巩固宗法制的作用，其目的是维护父权制，维护周天子的权力，谁要是违反了礼仪、居室、服饰、用具等的具体规定，便视为非礼、僭越，就要受到惩罚。

周天子能授民授疆土，则必以土地国有为前提。正所谓“普天之下，莫非王土，率土之滨，莫非王

华夏族　华夏也称“夏”“诸夏”，是古代居住于中原地区的汉民族的自称。相传在大约5000年前，黄河流域中下游一带的华山与夏水之间分布着许多部落，比较重要的有后来的炎帝部落和黄帝部落等。炎、黄两部落融合成了“华夏民族”。

周公辅政图

深衣 直筒式的长衫，把衣、裳连在一起包住身子，分开裁但是上下缝合，因为“被体深邃”，因而得名。通俗地说，就是上衣和下裳相连在一起，用不同色彩的布料作为边缘。其特点是使身体深藏不露，雍容典雅。现代人文学者建议将深衣作为华夏民族的服装来推广，作为华夏服饰文化的代表。

臣”，在周公文治武功盛极一时的时代，这并非虚构。由此引申出来的“田里不鬻”，土地不许买卖等，出自周公之手。

西周时期盛行一种明堂制度。所谓明堂，是周天子祭祀上帝、文王及举行各种大典时使用的建筑物。西周明堂一般建于国都的近郊，有9室12堂，以茅草覆盖屋顶，上圆下方，以水环绕于四周。明堂制在秦代时废除不用，两汉时期再度兴起，并被后来的历代沿袭。

西周时期沿袭了商代的祭祀传统，但其中包括的神秘色彩已非常淡薄。西周时期的祭祀对象分天神、地祇、人鬼3类。天神主要有天帝、日月星辰、司命、风师、雨师等；地祇有五岳、山林川泽、四方百物等；人鬼专指祖先而言。

西周时期的礼法在服饰方面也有体现。西周时期沿用商代的上衣下裳之制，但材料和手工比商代时更精细讲究，不同等级之间的差异也更显著。周代人也

周公制礼作乐图

有将上衣与下裳连为一体的称为“深衣”。周代人衣服上常佩戴各种饰物。

周公画像

据记载，西周时期贵族的衣服以毛、丝、帛、裘等为原料制成，配以各种玉饰，舒适而美观。平民的衣服则往往以麻、葛、粗毛等制成，式样短小，便于劳作。周王和贵族的头顶戴冕，士人戴冠，则平民只准戴巾。

总之，周公制礼作乐涉及当时社会的方方面面，一方面是在总结前人经验的基础上加以系统化；另一方面也是周代人具体实践的总结。西周的礼乐制度，形成了西周时期特色的礼乐文化与礼乐文明，对后来历代文化都产生巨大而深远的影响。

阅读链接

周公规定的国都地点的选择，是通过土圭来确定的。土圭是一种测日影长短的工具。《周礼·大宗伯》记载，朝廷所谓“测土深”的方法，是通过测量土圭显示的日影长短，求得不东、不西、不南、不北之地，也就是“地中”。夏至这一天，此地土圭的影长为1.5尺。

之所以作如此选择，是因为“地中”是天地、四时、风雨、阴阳的交会之处，也就是宇宙间阴阳冲和的中心。反映了古代先民的阴阳五行思想，同时，“地中”之地也便于对各个诸侯的管理。

孔子践行以礼问礼

孔子画像

自从周公制礼作乐以来，礼乐文化的一切重要方面都发生了质的变化，从而被打上了文明社会的印记。这种新的文明模式，不仅是对夏商时期文化的改造，而且对整个华夏文明的发展都产生了极为深远的影响。

至春秋战国时期，古代社会经历了第一次社会转型和文化重构。由于社会的巨大变革，周公制定的典章制度被破坏，当时的社会现实是“礼崩乐坏”。在这样一种历史条件下，似乎更需要另一个大贤的出现。于是，一个影响了我国历史数千年的圣人诞生了。这个圣人就是孔子。

孔子夜读图

自古圣人多磨难。孔子3岁丧父，17岁丧母。他在15岁时就立下“志于学”的宏愿，学无常师，勤学好问。

孔子10多岁时，一有机会就进入鲁国太庙，悉心研究太庙收藏的典籍和礼器。

这一天，孔子又早早起床，洗漱正冠，虔心静举，来到太庙。古代开国之君称“太祖”，太祖之庙称为“太庙”。鲁国是周公封地，鲁国太庙就是周公之庙。

孔子一生敬仰周公，对周公辅佐周文王、周武王立国的事已经非常熟悉了。进入庄严高大的鲁国太庙，面对周公塑像，他也跟着大人们那样，行三跪九拜之礼。孔子在太庙看到各种各样的祭器，如鼎、鬲、爵、觚、壶等，一一询问用途。

大祭仪式开始，鼓乐齐鸣，人头攒动，太庙里香烟缭绕，一会儿上猪牛羊，一会儿献爵，一会儿奠帛，一会儿读祝，一会儿叩拜。人们做一件，孔子就问一件。

鲁城的人对祭祀大礼都熟悉，有人问孔子为何要处处问个详尽，年幼的孔子这样回答说：“勤于求

礼器 我国古代贵族在举行祭祀、宴飨、征伐及丧葬等礼仪活动中使用的器物。我国最早的礼器出现在夏商周时期，主要以青铜制品为主。商周青铜礼器又泛称彝器。进入商周社会后，礼器成为“礼治”的象征，用以调节王权内部的秩序，从而维护社会稳定。这时的礼器包括玉器、青铜器及服饰等。

教，不耻下问，这本身就是知礼，我这是以礼问礼！”

公元前535年，孔子17岁，这一年孔母颜徵在去世。在孔子守孝期间，鲁国公族大夫孟鳌子病重，不到一天就去世了。他的儿子孟懿子遵照父亲的遗愿，去找孔子学礼，还邀请南宫适同行。南宫适是孟懿子兄长，因为贤德，孟鳌子赐他南宫之姓，名适，一名韬，字子容，后谥敬叔。

南宫适与孔子志同道合，交往甚密，见孟懿子相邀自然高兴，只是顾虑孔子在服孝期间拜师恐怕不合礼仪，心里有些犹豫。

孟懿子说：“礼在任何时候都是通行的，如果不合礼仪，孔子自然会告诉我们，我们去和他见见面也是好的。”

于是两人来到防山。

孔子见到他们后，以丧礼迎接，让入墓庐中，三人坐定。

南宫适说：“令堂仙逝数月，我等前来看望你，希望节哀顺便！”

孔子说：“谢谢两位！”

孟懿子说：“我们这次前来，不知是否合乎礼仪？”

孔子说：“人情尚在，当合礼仪。”

南宫适说："此次前来，一来看望你，二来遵家父遗训，向先生请教礼仪，望不吝赐教。"

孟懿子接着又说道："你我都在服丧期间，我来学礼，不知是否合礼？"

孔子回答说："守孝，本身就是尊礼，议论礼也是尊礼，没有关系的。"

孟懿子于是向孔子请教："何谓礼？"

孔子回答："所谓礼，就是把人的情和义充分展示出来。情，就是喜、怒、哀、惧、爱、恶、欲；义，就是父慈、子孝、兄良、弟悌、夫义、妇柔、长惠、幼顺、君仁、臣忠。讲信修睦，就是情义，这些离开了礼都不能实现。"

孟懿子又问："礼，具体体现在哪些方面呢？"

孔子说："在人的生活中无不体现着礼。所谓的六礼，七教，八政，都是礼。六礼，即冠礼，婚礼，丧礼，祭礼，乡饮酒礼，士相见礼；七教，包括父子，兄弟，夫妇，君臣，长幼，朋友，宾客的人际关系；八政，包括饮食习惯，衣服制度，技艺标准，器具品类，度，量，数目，规格等。"

《孔子圣迹图·梦奠两楹图》

春秋时期礼的形式很烦琐，对于礼的内容

孔子问礼老聃图

与精神，孔子最后总结道："礼有大，有小，有明显，有隐微。所以大礼有三百，小礼有三千，但有一个基本的目的就是合乎人情。发乎情，止乎礼，就像进入房屋没有不从门口进入的一样。"

三人谈礼，不知不觉已过数日。在那样荒凉孤苦的日子里，与良朋灯下夜话，孔子的思亲之痛，暂时得到了缓解。南宫适在这里拜孔子为师。孔子见他品德高尚，洁身自好，就把侄女嫁给了他。南宫适后来成为"孔门七十二贤"之一。

公元前523年的一天，孔子准备去周的京都洛邑寻访老子，并让南宫适同行。洛邑就是现在的洛阳。鲁昭公听说后欣然同意，并赐孔子车一乘，马两匹。经过5天的行程，两人来到周都洛邑。

老子，姓李，名耳，字伯阳，去世后谥号为聃，世称"老聃"。老子通晓上下古今之事，晚年躬耕授徒，讲道论德。他先任周王朝管理藏书的官员，后来又做了柱下史，也就是后来所说的御史。

老子对孔子带弟子来访，非常高兴，忙令童子将

孔门七十二贤
孔子是古代著名的思想家和教育家，也是儒家学派的创始人。"孔门七十二贤"，是孔子思想和学说的坚定追随者和实践者，也是儒学的积极传播者。

道路打扫干净，亲自迎接孔子。

孔子见到老子，恭敬地行见面礼，双手捧着大雁献给老子，以表示对老子的敬意。孔子说："丘久慕先生博古通今，专程和子容前来求教。敢问先生，为何今日礼仪不及古代礼仪呢？"

老子叹息地说："这是和周朝王室政治衰微，诸侯各国相互争霸分不开的，各诸侯国为了称雄，不惜僭越礼制，已把周礼弄得不成样子了！"

孔子再问："请问周朝古礼的源流在哪里呢？"

老子说："讲到周朝古礼，那是周公旦辅佐周武王和周成王时制定的。在西周极盛时期，各种礼制也很完备，上下遵守，谁也不敢僭越。但是，自东周以来，王道日渐衰微，古礼也就渐渐泯灭了！"

孔子又说道："请教先生，周朝古礼有哪些主要方面？"

西周 是由周文王之子周武王灭商朝后所建立，至公元前771年周幽王被申侯和犬戎所杀为止，历经275年。定都于镐京和丰京，位于现在的陕西西安市西南，成王营建东都成周洛邑，即现在的河南省洛阳。历史上将东迁之前那一时期的周朝称为"西周"。

孔子问礼老子图

东周 周朝京都于公元前770年自镐京东迁至洛邑，历史上称东迁以后的周王朝为东周。周平王东迁以后，管辖范围大减，形同一个小国，加上有弑父之嫌，在诸侯中的威望已经大不如从前。东周的前后400多年间，前半期称为“春秋时期”；后半期称为“战国时期”。

老子说：“两位要知古礼，我看耳闻不如目睹，若两位愿意的话，我当领两位去看一看。”

老子引路走在前面，就近先看明堂。

孔子在明堂前举目四顾，只见四面大门上，画着尧、舜、桀、纣的像。尧、舜的相貌和善魁梧，带着兴旺的神气；桀、纣的相貌凶恶尖削，带着颓废的神情。还有周公像，成王图，还有鼎铭盘铭，多得一时目不暇接。

退出明堂后，老子又引导他们去太庙，参观各式祭器。太庙的祭器大大小小约有数十种，老子将各种祭器的名称和用途都作了说明。

孔子走到右边的石阶前，看见一个制作大小与真人相同的金人，口上粘着三道封锁，背上刻着很长的铭文。孔子将铭文从头至尾详读了一遍，对南宫

孔子与老子雕塑

适说："今天见了这三缄其口的金人，才知道做人不要多言，多言必败；不要多事，多事多烦恼。"说完又随着老子退出。

时已午后，老子相邀回家并盛情款待。进餐完毕大家又谈到礼仪上来了。孔子说："丘对于各种礼制，因为没有名师指导，不能贯通，敢请先生明示！"

孔子圣迹《铭金人图》

老子说："国家的礼正，治国就有了准绳，夏禹、商汤，周文王、周武王、周成王和周公，都是凭着正直的礼制在位，所以治国之道就兴盛；而周幽王、周厉王不凭正直的礼制在位，所以他们招致祸殃。由此就可以看出，礼制关系到国家的治理兴衰，因此不可等闲视之。要知道古代圣王是凭着天道来治理人情的，为了用敬奉鬼来教化百姓，便制定了郊社、馈奠、射飨等礼制。"

孔子听到这里插言问道："曾经听到郯子说，居家有礼则长幼分，闺门有礼则三族和，朝廷有礼则官爵尊，田猎有礼则戎事闲，军旅有礼则武功成。如果这五者都无礼，其后果又是怎样呢？"

周文王（前1152年—前1056年），姓姬名昌，季历之子，华夏族人，西周奠基者。商纣王统治时，他被封为西伯侯，也称伯昌。他治理岐山50年，使岐山的政治和经济得到了极大发展。其子姬发得天下后，追尊他为"周文王"。

孔子讲学图

老子回答说："这五者如果失去礼的约束，就好像瞎子行路，失去了搀扶的人，又好像夜晚一个人坐在漆黑的室内，眼睛什么都看不见，手足没地方放，进退都很难。一旦失礼，就会居家长幼不分，闺门亲族不和，官爵失去次序，政事无法施行，动静失宜，其遗祸就真的不可收拾啊！"

大家都很高兴，兴致亦浓，不觉天近黄昏。南宫适提议明天再学习，孔子等告别老子回到馆舍。

在周国待了数天，孔子向老子辞行。老子送孔子到当时的宾馆之外，就说："我没有什么好送你的，就送你几句话吧，不要讥人之非，扬人之恶，不要自以为了不起。"老子的意思是礼待他人，礼待天下。

孔子顿首道："弟子一定谨记在心！"

到了黄河的岸边，看见河水滔滔，浊浪翻滚，势如万马奔腾，声如虎吼雷鸣。孔子伫立岸边，不觉叹道："一去不复返的时光就像这河水一样啊！ 日夜不停。黄河之水奔腾不息，人之年华流逝不止，河水不知何处去，人生不知何处归？”

老子闻孔子此语，说道：“人生天地之间，是与天地一体。天地是自然之物，人也是自然之物。人有幼、少、壮、老之变化，犹如天地有春、夏、秋、冬之交替，有什么值得悲叹的呢？生于自然，死于自然，任其自然，则本性不乱；不任自然，功名存于心，则焦虑之情生；利欲留于心，则烦恼之情增。”

孔子解释道：“我是忧虑大道不行，仁义不施，战乱不止，国乱不治，人生短暂，不能有功于世，不能有为于民，所以才有感叹啊！”

老子说：“人之所以生、所以无、所以荣、所以辱，皆有自然之理、自然之道。顺自然之理而趋，遵自然之道而行，国则自治，人则自正。”

稍停片刻，老子手指浩浩黄河，对孔子说：“你何不学这水之大德呢？”

孔子说：“水有何德？”

老子说：“人的最高境界的善行就像水的品性一样，泽被万物而不争名利。世界上最柔的东西莫过于水。水随方就圆，随遇而安，这就是它

郊社 郊，指冬至日祭天于国都南郊，社，指夏至日祭地于北郊。这两项祭典都在郊外举行，所以统称为“郊”。南郊祭天，祭坛称为“圜丘”；北郊祭地，祭坛筑称为“方丘”。根据儒家经典的规定，郊祭天地是天子的特权，所以这两项祭礼都有皇帝亲自主持。

《孔子圣迹图·接舆狂歌图》

的柔德。人要如水，不能太硬，硬如利器伤人，不易化物。柔则处处感德，再无众恶的喧闹了。”

孔子闻言，恍然大悟道：“先生此言，使我顿开茅塞：众人处上，水独处下；众人处易，水独处险；众人处洁，水独处秽。所处尽人之所恶，又有谁能与之相争呢？这就是您所说的‘上善’。”

老子大加赞赏，点头说：“汝可教也！你要切记：与世无争，则天下无人能与之争，这就是效法水德。”

老子的水德其实涵盖了谦德，即谦虚之礼。老子的观点是人要表现柔弱，不要刚强，人要表现愚鲁，不要聪明，应该无为、无和、为欲、清虚、自然等。总之，刚强的就容易折断，柔弱的能够保全。

孔子说：“先生之言，出自肺腑而入弟子之心脾，弟子受益匪浅，终生难忘。弟子将遵奉不怠，以谢先生之恩。”说完，依依不舍地告别老子，与南宫敬叔上车，驶向归程。

《孔子圣迹图·楚王使聘图》

回到鲁国，众弟子问道：“先生此去拜访老子，您见到了吗？”

孔子说：“见到了！”

弟子问：“老子是什么样的人哪？”

孔子说：“鸟，我知道它能飞；鱼，我知道它能游；兽，我知道

《孔子圣迹图·习礼树下图》

它能跑。会跑的可以织网捕获它，会游的可制成丝线去钓它，会飞的可以用箭去射它。至于龙，我就不知道该怎么办了，它是驾着风而飞腾升天的。我今天见到的老子，大概就是龙吧。他是我的老师啊！”

孔子从老子那里大彻大悟，返回鲁国后，从此更加身体力行，遵行周礼，宣扬周礼。他的学识更加渊博了，来投门下的学生也越来越多了。

阅读链接

孔母颜徵在去世时，孔子将母亲灵柩停放在今山东曲阜县东南的五父衢中，跪拜四方：“各位乡邻，各位亲朋，四方君子，八方过客，有知丘父叔梁纥墓地者，乞请指示，孔子将难忘！”这时，孔家老邻居告诉他父墓在防山，孔子叩首谢恩。

在合葬时，孔子说：“我现在是一个游子，应该在父母坟上堆做标记，以便日后前来祭拜。”孔子将父母合葬，并把坟墓筑得十分醒目。孔子在墓旁结庐守孝，以尽人子之礼，乡邻无不感佩。

孔子行动遵循礼仪

孔子画像

孔子数次到太庙学习周礼，也几次跟老子学礼学道，认为周礼是最能拯救世人的制度。于是，他在自己的实践活动中，处处遵循周礼，力图把自己打造成一个人格完善的人。

孔子曾教导自己的儿子孔鲤要好好学礼。有一天，孔子看见儿子孔鲤从院子里走过，就问他："你学过礼仪了吗？"

孔鲤回答说现在还没有学呢！

颜回见孔子雕塑

孔子就说道："如果不学好礼仪，在社会上就无法立足。"

孔子的这句话，可以看作是他所理解的"礼"的根本。他认为，只有广泛地学习文献知识，又用礼来约束自己，就不至于离经叛道了。

他曾经说道：

诗歌让我振奋，礼法使我立身，音乐陶冶使我修身养性，成就高尚人格。

孔子是这样说的，也是这样做的。在《论语》《吕氏春秋》等先秦史籍里，记述了许多有关孔子依照礼行事的细节。

据《论语》记载，国君赐给熟食，孔子一定摆正座席，先品尝；国君赐给生肉，一定要煮熟敬奉祖

孔鲤 （前532年—前481年），孔子的儿子，因其出生时鲁昭公赐孔子一尾鲤鱼。孔子甚感荣幸，就以"鲤"作为儿子的名，以伯鱼为字，以示纪念。孔鲤先孔子而亡。所有正统孔家后代都是孔鲤的儿子孔伋的后裔。

鲁哀公（?—前468年），春秋诸侯国鲁国君主之一，是鲁国第二十六任君主。他为鲁定公儿子，承袭鲁定公担任该国君主，在位27年。在位期间执政为季孙斯、叔孙州仇、仲孙何忌、季孙肥、叔孙舒、仲孙彘。鲁哀公曾经多次问政于孔子。孔子去世时，鲁哀公亲书诔文。

先；国君赐给活物，一定豢养着；陪国君进食，国君饭前祭祀神灵，孔子先替国君品尝。

《吕氏春秋·孝行览》记载，周文王很喜欢吃菖蒲腌的菜，成了一种嗜好。孔子听说周文王有个这样的嗜好也就吃它。尽管它的味道不好吃，以至于孔子在吃时连鼻梁都缩起来。这样坚持了3年，后来终于习惯了。

其实，吃饭对于孔子而言，意义绝不仅仅是单纯吃饭。吃饭成为他维护礼法的工作现场。为了弘扬礼法，纠正种种不合礼法的行为，孔子利用吃饭做了许多工作。吃饭成了他对学生进行教育的课堂。

《吕氏春秋·审分览》记载，在孔子周游列国困于陈蔡之间的日子里，有一天孔子昼寝，颜回去讨米，讨回来后煮饭。饭快要熟，孔子远远地看见颜回用手抓锅里的饭吃，就装作没看见。不久，饭熟了，颜回请老师吃饭。孔子说：“刚才梦见我的父亲，我要用饭来祭祀他。”

孔子出游图

孔子阅读雕像

颜回说：“不行啊！刚才房上有灰尘掉进锅里面，那些米我舍不得扔掉就给吃了。这饭不能再用来祭祀了。”

原来如此！孔子不得不为他的诚实所感动。当时礼法规定，用来祭祀的饭菜，所有人都不能先动一筷子，必须等到祭祀结束人才能吃。

孔子说要进行祭祀，不过是想考验一下颜回是否能坦率承认自己已经吃过了锅里的饭。如果颜回说“您要祭，我就给您把饭盛来让您祭祀”，那么，孔子就会把颜回当作反面教材。

但是，颜回很诚实地说明自己吃过了，并且说明了自己为什么吃的原因。因此，这堂课实际上使师生双方都受到一次深刻的教育。

《韩非子·外储说左下》记载，鲁哀公赏赐孔子桃子，事先把黍子发给他，让他用来擦桃子皮上的细

颜回（前521年—前481年），字子渊，春秋时期鲁国人。孔子最得意的弟子，极富学问。在孔门诸弟子中，孔子对他称赞最多，不仅赞其好学，而且还以仁人相许。历代文人学士对他也无不推崇有加。

迎神赛会 旧俗把神像抬出庙游行，并举行祭会，以求消灾赐福。迎神赛会多为纪念神灵，或遇天灾求神护佑。如久旱不雨，即迎龙王求雨等。

毛。可是孔子却先把黍子吃下去了，然后再吃桃子。旁边的侍从看了都发笑。

鲁哀公不得不告诉他，说："黍不是用来吃的，而是用来擦桃子的。"

孔子回答说："我知道。可是黍是五谷之尊，祭祀的时候用它来做粢盛，桃子是瓜果中的下品，祭祀的时候根本轮不上。用五谷之尊来擦瓜果中的下品，上下错位，有损于义，我怎么能这样做呢？"

《礼记·玉藻》记载，孔子在季氏家里吃饭，既不行推辞之礼，也不按照次序吃，还没有吃肉就吃水泡饭。

当时礼法规定，客人在吃饭前必须先行推辞之礼，即首先起身表示推辞，然后才可以坐下吃饭；

孔子见鲁哀公图

开始吃饭时，则应当首先吃肉块，然后依次顺序吃其他食物，直至吃饱。吃饱之后，再行“飧礼”，即吃上三口水泡饭，表示用餐结束。孔子这样做，实际上是在用行动批评季氏进食失礼。

孔子画像

《论语·乡党》记载：“疾，君视之。东首，加朝服，拖绅。”意思是说，孔子患了病，躺在床上，国君来探视他，他无法起身穿朝服，这似乎对国君不尊重，有违于礼，于是孔子就把朝服盖在身上。这件事反映出孔子即使在病榻上，也不会失礼于国君。

《论语·乡党》记载，孔子主张吃饭的时候不说话，睡觉的时候也不说话。虽然是吃粗米饭蔬菜汤，也一定先要祭一祭，一定要像斋戒时那样恭敬严肃。席子摆放不端正，不要坐。

在举行乡饮酒礼后，要等老年人先走出去，自己才出去。本乡的人们举行迎神赛会驱疫逐鬼仪式时，孔子总是穿着朝服站立在东面的台阶上。孔子托别人代为问候在其他诸侯国的朋友时，要躬身下拜，拜两次，送走所托的人。

孔子认为，“礼”是至高无上的，是神圣不可侵犯的，那么，日常行为必须依照礼的原则。这一方面是孔子个人修养的具体反映，一方面也是他向学生们传授知识和仁德时所身体力行的。

孔子不仅自己践行礼制，同时也提倡大家要学礼，并且把是否懂得礼仪作为选人用人的一个标准。他说道：

孔子讲学图

先学习礼乐，然后做官的，是庶民百姓；先当官，然后再学习礼乐的，是世袭的贵族子弟。要是我选用人，我主张选用先学习礼乐的人。

曾子是孔子的弟子，有一次他在孔子身边侍坐，孔子就问他："以前的圣贤之王有至高无上的德行，精要奥妙的理论，用来教导天下之人，人们就能和睦相处，君王和臣下之间也没有不满，你知道它们是什么吗？"

曾子听了，明白老师孔子是要指点他最深刻的道理，于是立刻从坐着的席子上站起来，走到席子外面，恭恭敬敬地回答道："我不够聪明，哪里能知道，还请老师把这些道理教给我。"

在这里，曾子从席子上站起来是一种非常礼貌的行为，当曾子听到老师要向他传授时，他站起身来，走到席子外向老师请教，是为了表示他对老师的尊重。曾子懂礼貌的故事被后人传诵，很多人都向他学习。

孔子不仅要求弟子尊礼，对一国之君的礼仪活动也有深刻的认识。比如当时的鲁定公曾经问孔子君臣之间相处如何做才好。

孔子回答说："君使臣以礼，臣事君以忠。"意思是说，君主依照礼使用臣下，臣子尽忠侍奉君主。

孔子认为，居于上位的国君不能宽宏大量，礼仪活动不能恭敬严肃，参加丧礼不悲痛哀戚，这样的情形我哪里能看得下去呢？因此，礼是须臾不能离的。如果能够用礼仪谦让来治理国家的话，那还会有什么困难呢？要是不能够用礼仪谦让来治理国家，那礼又有什么意义呢？在上位的人依礼行事，老百姓就容易使唤了。

孔子认为，君王对礼的运用，以和合为可贵。先王治国之道的好处正是在这里。小事大事都按这个原则去做。但也有不能这样做的情况。只知道要均衡而一味地求和合，不依礼来节制，也是不可行的。

君王尊礼重礼的结果是使人的言行规范，社会和谐稳定。那么，不遵守礼的后果是什么呢？换言之，不重视礼的结果会怎么样？孔子用一段话给予了明确的阐述。

他说：“恭敬而不循礼就会劳苦，谨慎而不循礼就会懦弱，勇敢而不循礼就会作乱，直率而不循礼就会尖刻伤人。因此，大家都要重视礼，依礼为人处世。”

总之，孔子时时处处以君子的标准要求自己，让自己的行不逾礼。这完全是一组关于人在社会中交流时所需的素质教育的课程。

阅读链接

公元前500年春天，孔子参加了鲁定公和齐景公在泰山脚下举行的“夹谷会盟”。会盟时，齐景公的手下人根据孔子懂礼少勇的特点，想用武力劫持鲁侯以达到不可告人的目的，这一阴谋被孔子及时识破。在孔子义正词严面前，齐景公只得令人赶快避开。

在将要盟誓之时，齐人又想以献乐助兴为由羞辱鲁定公。孔子又依周公礼法进行了合理的反击，并严惩了齐国乐公，迫使齐景公在修好盟书上签字，并归还了过去侵占的鲁国的郓地、汶阳和龟阴土田。

孔子与弟子论礼

孔子不仅自己身体力行，强调“克己复礼”，随着学生越来越多，更在教学实践中，注重宣传礼的主张，将礼的各种知识教给弟子，使弟子大为受益。

孔子与弟子出行雕像

孔子讲学雕塑

有一天，孔子和弟子子张、子贡、子游谈论礼。孔子说："你们三人坐下吧，我给你们讲讲礼，使你们能够把礼周到地运用在任何地方，无所不至。"

子贡首先站起来离席，躬身作揖问孔子说："请问先生，礼应该是什么样的呢？"

子贡复姓端木，名赐，春秋末期卫国黎人，黎就是现在的河南鹤壁浚县。他是孔子的得意门生。是"孔门七十二贤"之一，"孔门十哲"之一。他利口巧辞，善于雄辩，而且办事通达。他还善于经商之道，曾经经商于曹、鲁两国之间，富致千金，为孔子弟子中的首富。

孔子说："虔敬而不合乎礼，叫作土气；谦恭而不合乎礼，叫作巴结；勇敢而不合乎礼，叫作乖逆。"孔子又说，"巴结混淆了慈悲和仁爱。"

子贡说："请问怎么做才能做到合乎礼呢？"

克己复礼 出自《论语·颜渊》。儒家指约束自己，使每件事都归于"礼"，为西周之礼。"克己复礼"是达到仁的境界的修养方法。孔子在早年的政治追求中，一直以恢复周礼为己任，并把克己复礼称之为仁。因此，可以把"克己复礼"视为孔子早年对"仁"的定义。

秋尝夏禘 古代人们根据天时节律的变化举行各种相应的祭祀活动。祭祀有时在晴朗的昏夜，有时在星光熹微的凌晨，有时在炎热的夏季，有时在温暖的春季，祭祀严格顺应时令。根据先秦时期文献记载，古代季节祭礼各有专名，所谓春礿、夏禘、秋尝、冬烝。

孔子说：“礼吗？礼，就是用来节制行为使之适中的。”

子贡退下来，子游上前说：“请问，所谓礼是不是为了治理恶劣习性而保全良好品行的呢？”

子游姓言，名偃，字子游，春秋末期吴国人，与子夏、子张齐名，孔子的著名弟子，“孔门十哲”之一。子游身通受业为孔门高弟，其儒学思想曾为历代人们所推崇。

孔子说：“是的。”

子贡问：“那该怎么做呢？”

孔子说：“祭天祭地之礼，是用以致仁爱于鬼神的；秋尝夏禘之礼，是用以致仁爱于祖先的；馈食祭奠之礼，是用以致仁爱于死者的；乡射礼、饮酒礼，是用以致仁爱于乡亲邻里的；宴会饮酒的礼仪，是用以致仁爱于宾客的。明白了祭天祭地的礼仪，秋尝夏禘的礼仪，那么治理国家就像在指着自己的手掌给别人看那样容易。”

孔子进一步阐释尊礼的作用，他说：“用这些礼仪，居家处事有礼，长幼就分辨清楚

■《孔子圣迹图·删述六经图》

了；家族内部有礼，一家三代就和睦了；在朝廷上有礼，官职爵位就井然有序了；田猎时有礼，军事演习就熟练了；军队里有礼，就能建立战功了。

孔子杏坛讲学图

“因为有了礼，宫室得以有了制度，祭器有了样式，各种器物符合时节，音乐符合节拍，车辆有了定式，鬼神得到了该有的祭享，丧葬有了适度的悲哀，辩说得以拥有支持的人，百官得以恪守其职分，政事得以顺利施行。加在每人身上的，摆在面前的，人们的种种行为举动都能够适宜得当。”

子游退下去后，子张上前就问道：“请问什么是礼呢？”

子张即颛孙师，孔门弟子之一。春秋末期陈国阳城人，即现在的河南登封。出身微贱，而且犯过罪行，经孔子教育成为“显士”。孔子去世后，独立招收弟子，宣扬儒家学说，是“子张之儒”的创始人。子张之儒列儒家八派之首。

孔子说：“所谓礼，就是对事物的治理。君子有什么事务，必有相应的治理手段。治理国家假如没有礼，就好像盲人没有扶助的人，茫然不知该往哪走。又如整夜在暗室中找东西，没有烛光怎么能看得见

子张之儒 战国时期以孔子弟子子张为代表的儒家八派之一。子张是孔子门下最著名学生之一。他秉性孤僻偏激，但为人宽容大度，勤学好问，经常同孔子讨论问题。子张之儒在道德伦理方面提倡“君子尊贤而容众，嘉善而矜不能”的理想人格。

《孔子圣迹图·子西阻封图》

呢？所以说没有礼就会手足无措，耳目也不知该听什么该看什么，进退、作揖、谦让都失去了尺度。”

孔子进一步阐释失礼的害处，他说：“如果失去了礼，居家处事就会长幼无别，家族之内祖孙三辈就失去了和睦；朝廷上官爵就失去了秩序，田猎练武就失去了策略，军队攻守就失去了控制，宫室建造就失去了制度，祭器就失去了式样，各种事物就失去了合适的时间，音乐就失去了节制，车辆就失去了定式，鬼神就失去了祭享，丧事就失去了合度的哀伤，辩说就失去了支持的人，百官就会失职，政事就不能施行。凡加在每个人身上的，摆在面前的，人们的种种行为举动都失其所宜。这样，就无法协调民众一致行动了。”

孔子告诫弟子们说：“仔细听着，你们三人！我告诉你们，礼还有9件事，其中4件是大飨礼所特有的。如果知道了这些，哪怕是个种田人，只要依礼而行，他也是圣人了。”

孔子解释说：“两位国君相见，互相作揖谦让后进入大门，入门后钟鼓等乐器齐奏，两人又互相作揖谦让后登上大堂，登上大堂之后乐声就停止了。这时在堂下又用管乐奏起《象》的乐曲，接着执籥的人又跳起《大夏》之舞和各种舞蹈。摆设笾豆与牲俎，按序安排礼乐，备齐各种执事人员。这样，来访的国君就感受到了主人的盛情厚意。

“在这里，人们来往走动都符合规定，周旋时步子都合乎规矩，车子的铃声也合着《采荠》乐曲的节拍。客人出去时，堂下奏起《雍》的乐章；撤去席上食具时，奏起《振羽》的乐章。所以，君子的行动没有一件事不在礼节之中。

“客人进门时钟声响起，是表示欢迎之情；登堂时演奏《清庙》诗章，表示赞美其功德；堂下吹奏《象》的舞曲，表示崇敬祖先的功业。所以，古代的大人君子相见，不必互相说话，只凭礼乐就可以传达情意了。”

孔子总结说：“礼，就是理；乐，就是节。没有道理的事不做，没有节制的事不为。”

孔子进一步强调说，“如果不懂得赋《诗》言

笾豆与牲俎 笾和豆是古代祭祀时盛祭品的两种器具，竹制为笾，木制为豆。牲俎是祭祀时盛牲的礼器。牲是古代特指供宴飨祭祀用的牛、羊、猪，有牲畜献牲之说，即古时祭祀用作牺牲的牛、羊、猪的躯体。

孔子宣教图

志，礼节上就会出差错；如果不能用音乐来配合，礼节就显得单调枯燥；道德浅薄，礼就会显得虚假。”

这时，子贡站起来问道：“照先生这么说，夔对礼精通吗？”

孔子说：“夔不是帝尧、帝舜时乐官吗？他是上古时代的人啊！精通礼而不精通乐，叫作质朴；精通乐而不精通礼，叫作偏颇。夔大概只精通乐而不精通礼，所传下精通音乐的名声。古代的人，各项制度都存在于礼中，制度也靠礼来修饰，实行起来大概还是靠人吧！”

3个弟子听了孔子这番话，眼前豁然一亮，好像拨开了天空迷雾，见到朗朗乾坤，心中无比喜悦。

孔子以“复礼”为旨归，创立了儒家学派，建构了以礼为底蕴的儒学体系。

《孔子圣迹图·退修琴书图》

春秋时期，礼崩乐坏，社会混乱。孔子与弟子所论之“礼”，对于人们在当时的社会现实面前，如何规范自己言行，具有4个方面的功用，这就是在道德修养方面的功用，在社会交往方面的功用，在治理人民、处理国家大事方面的功用，还体现为“孝悌”方面的功用。

在道德修养方面，孔子认为，一个人要真正成为有学问、有道

孔子讲学图

德修养的人，学习和运用“礼”是一个根本条件。没有“礼”则在社会上无法立足，也不能适应社会环境。有学问的人若只在学习上下功夫，而不在礼仪方面加强自身修养，同样不能达到完美的人生境界。

“礼”不仅是自立的基础，在通往理想人格的道路上，“克己复礼为仁。一日克己复礼，天下归仁焉”。通过“克己”而回归到“礼”所规定的范围中去，这是个人道德修养时所应该首先做到的，只有在这些“礼”的方面取得了独立，才能在更高层次上体现“仁”的境界，个体人格的塑造与升华才能取得理想的效果。

在社会交往方面，孔子强调人们应该以“礼”来对待他人。以恭敬的态度施行“礼”，营造一种宽松的社会人文环境，这样才能达到共同进步、共同发展的目的。

《孔子圣迹图·在陈绝粮图》

孔子认为“礼”作为社会交往的原则十分重要，他说：“礼之用，和为贵。”这里的“和”是和谐之意，中和人与人之间不和谐的地方，使人们能够和睦相处，均衡发展。

孔子主张通过“己立立人，己达达人”；“己所不欲，勿施于人”来调适自我与他人、社会的关系。“礼”的精神是调整和规范人与人之间的矛盾分歧，加强外在约束，使社会生活能够有序地进行。这种以“和为贵”的准则，正是孔子所梦寐以求的。

在治理人民、处理国家大事方面，礼同样具有重大意义。自周公创设“周礼”以来，“礼”的主要目的之一便是为社会和谐稳定服务。孔子继承了这一思想，认为以“礼”来教化引导民众是最有效的方式之一。

孔子认为，用刑法等法治手段来惩罚不道德的人或事，人们虽犯法而受到惩罚，可心里却没有悔改之意；但是，如果施行德政，通过有仁德的政治措施或政绩，以“礼”的精神来教化引导民众，那么，人人都不敢做坏事、错事，心里时时有畏惧之感，要是这样，社会也就可以达到稳定了。

孔子认为法治并不能完全消除人们心理上思想上道德上的邪恶，而礼治却能以柔和缓进，以理服人的方式使人们懂得何者当为，何者不当为，道德的力量促使他们走上正道而耻于做坏事。这种精神在孔子思想中是占主导地位的。

孔子还认为，“天下有道，则礼乐征伐自天子出。天下无道，则礼乐征伐自诸侯出”，这一论述表明“礼乐”是管理国家工具的体现，也表明了孔子对“礼乐”在政治生活中作用的重视程度。可见“礼乐”在孔子心目中已经成为君主权威的象征。

在孔子看来，以“礼”治天下还体现为“孝悌”原则。孔子认为，“礼”的精神渗透在社会生活的各个方面，在这之中，孝敬父母，兄弟友善，是一个人道德修为的重要部分，也是一个人的起码要求。

《孔子圣迹图·赐药图》

老子讲学图

孝顺父母，这是为人子女的本分，孝顺是报答父母养育之恩。往大了说，可以是对国家尽忠，这也是大“孝”。悌敬是兄弟姊妹之间相互友爱，相互帮助。扩而充之，对待朋友也要有兄弟姊妹之情，这样人和人之间才能消除矛盾，相互谦让。孝悌之礼已经成为中华民族的优秀传统。

作为孔子思想体系的重要组成部分，孔子之礼是在继承周礼价值精髓的基础上形成的，同时对周礼进行革新，进一步扩大了礼的价值内涵、社会功用和普及范围，最终使礼成为与仁相承互用的封建伦理道德的核心价值观念。

阅读链接

礼学产生于春秋后期。西周末期至春秋时期，作为礼治的宗教依据的天命神学始遭怀疑、批判，随之而来的便是春秋后期的礼崩乐坏。在此历史转折之时，哲人们尤其是孔子围绕礼治的存废、优劣而“发言”，陈述自己关于礼的理解，礼学因之而诞生。

先秦时期儒家礼学从“复礼”的愿望、“守礼”的立场出发，探讨夏、商、周三代之治乱，论说礼和礼治的价值，批评法治的危害性，这是孔子、孟子和荀子等礼学思想的共同的思路，并成为后世礼学发展的重要理论源泉。

荀子践行礼学思想

孔子强调“克己复礼”，用“仁”的学说改造了周礼，奠定了儒家的礼学思想。荀子承继孔子，深入地探讨了礼的起源，从多方面完善了孔子礼学思想，丰富和发展了孔子的儒家礼学。如果说孔子是儒家礼学的奠基者，那么，荀子则是使儒家礼学理论更加系统化、完善化。

荀子从小就非常聪明，10岁已有神童美誉，学问很好。

荀子（约前313年—前238年），名况，赵国猗氏人，时人尊而号为“卿”，西汉时因避汉宣帝刘询讳，因“荀”与“孙”二字古音相通，故又称孙卿。华夏族，战国末期赵国人。著名思想家、文学家、政治家，儒家代表人物之一，人称“荀卿”。曾三次出任齐国稷下学宫的祭酒，后为楚兰陵令。荀子对儒家思想有所发展，提倡性恶论，其学说常被后人拿来跟孟子的“性善说”比较，荀子对重新整理儒家典籍也有相当显著的贡献。

长大后曾北游燕国，但是很可惜，没被燕王赏识。到他50岁时，由于齐襄王招纳贤士，许多学者都前往齐国讲学，加上齐国以藏书丰富出名，所以荀子也被吸引前往齐国。

荀子注重“礼”，认为礼是“人之为人”的根本，是人脱离、超越自然状态的标志，同时，礼也是自然秩序的体现。同时，先王制定礼义，既适当满足人的欲望，又把它限制在一定的范围内。因此他在齐国的几年里，就为齐国的存亡提出过许多关于以礼治国的谏言。

那是在齐襄王的父亲齐闵王时。荀子看到齐闵王虽以“好士”自居，却不听学士的谏言，热心于对外扩张。南攻楚国，西困秦国，北战燕国，使得民憔悴，士兵疲。于是，就向齐国的丞相田文诚恳地提出批评。

齐闵王（约前323年—前284年），齐宣王之子，田齐政权第六任国君。在位期间也屡建武功，破秦、燕诸国，制楚，灭宋，与秦昭王并称为“东、西二帝”。因不听荀子谏言，公元前284年，燕上将军乐毅以五国联军攻齐，燕军攻入临淄，闵王出逃至莒为楚将淖齿所杀。

春秋战国图

荀子指出，齐王不崇尚礼义，不讲求忠诚信用，方圆数百里的国家，还要用欺诈、侵犯去争夺土地，图谋有商汤和周武王的功名，而不知自己处在楚国、赵国、燕国、魏国的威胁之中。如果有一国来进攻齐国，其余三国必定乘机兴兵。如果这样，那么齐国就必然四分五裂，被天下人耻笑。

荀子浮雕像

荀子的忠告未被齐闵王所采纳。荀子离开齐国到楚国去了。不久，齐国的前途不幸被荀子所言中。公元前284年，燕上将军乐毅率燕、赵、韩、魏、秦五国之兵，攻下齐国70余城。齐国都城临淄陷落，齐闵王逃亡到莒邑，被楚将淖齿所杀。公元前283年，齐襄王即位，齐将田单率兵击败燕军，才使齐国得以复国。

荀子的这段未被采纳的谏言，在齐国王室中被认为是很深刻的教训，他们悔不当初。同时，也从内心对荀子佩服得五体投地，奉之若圣人。齐襄王尊荀子“最为老师”，表示对荀子最为敬佩。

齐王建（约前280年—前221年），战国时期田齐亡国之君。他在位44年间，长达41年国家因为得到太后太史敫女的扶持而得到安定；另一方面也由于秦国实行远交近攻的策略，笼络齐国，优先进攻韩国、魏国、赵国等三晋，齐国才得以安享太平。

齐襄王之后，齐王建即位，荀子被封为大夫，当了齐国顾问。还被众人推选为稷下学宫的祭酒，负责飨宴时酹酒祭神。祭酒之职正合荀子对于“礼”的认识。因此，他在任祭酒之初，更注重对礼仪的把握。

这一天，齐王身穿上朝礼服，容光焕发，在宫人的簇拥下，乘着御用八鸾豪华轻车出了禁宫，来到稷下学宫看望稷下先生们，并准备在稷下学宫设宴，祝贺荀子做了祭酒。

荀子此前得知齐王驾临，命稷下学宫的先生们站立在稷门大道两侧等候。见齐王的御车来了，荀子快步迎了过去，向刚从车上下来的齐王施礼道：“荀况拜见大王陛下！”

这时，乐工已经按照荀子事先的安排吹竽鼓瑟，歌伎也随之舞姿翩翩，把个鲜花盛开的暖春季节，喧闹得更为温馨热烈。稷门外人声沸腾，是多少年来少有的热闹盛况。

在这隆重热烈的场面中，荀子随着齐王建走向学宫正厅，并谦逊地大声说道：“荀况乃区区学子，怎敢劳动大王亲自前来！”

齐王建彬彬有礼地说：“您如今已是大儒了。在列国中名望甚高，在稷下学宫很受众家学士的尊敬。先王在世就尊称您是‘最为老师’。如今荀老夫子重归稷下并担任要职，实属我齐国之幸！”

荀子谦虚地说：“荀况愧不敢当。”

按照齐王建的吩咐，祝贺荀子的喜筵设在学宫的大殿里。只见油

荀子作品

漆得明亮照人的几案整齐地排在大殿两边，几案上丰盛的果品散发着清香，一盏盏高大明亮的银灯，照得整个大殿金碧辉煌。

荀子画像

来到学宫大殿，齐王建向荀子施了一礼，问道："荀老夫子，寡人年幼，初继先王基业，愿请问先生，如何才能做好一国之君呢？"

荀子答道："按照礼去行事，做到不偏不离。礼乃治国之准绳，强国之根本，成功之来源，功名之总纲。"

齐王建接着问："如何才能使礼义施于国中呢？"

荀子答道："先王制礼的根据，一是源于天地。天地是人类生存环境，人类依天地而生存绵延，所以人应尊奉天地；二是源于祖先。祖先乃血缘之始，有血缘才有人类绵延，所以人应尊奉祖先；三是天子。天子为政治教化之本源，社会的安宁，人民安居乐业，要靠君师之教育感化，所以人应尊奉天子。

"基于这3点，君王首先修养其身。君王好比树立木桩，臣民好比木桩的影子，木正则影正。君王若想称王于天下，成一统之大业，务需彰明礼义，任用贤能。礼义兴则国安宁，贤臣用则大业成。"

荀子的这段论述，把礼比作"正国"的权衡、绳墨、规矩。在荀子看来，礼和法在治理国家、维护社会秩序方面都是不可或缺的，两者相互配合才能使天下臻于治道。

齐王建心悦诚服，连连称好："老夫子之言，言简意赅，使寡人茅塞顿开。寡人今日与老夫子相约，从今以后，每隔10日朕要问计一

玉璧　是一种中央有孔的扁平状圆形玉器，为我国传统玉礼器之一。玉璧是我国玉器中出现最早并延续不断的品种，是很重要的瑞玉。其用途：一为祭器，用作祭天、祭神、祭山、祭海、祭河、祭星等；二为礼器，用作礼天或作为身份的标志；三为佩饰；四作为珐码用的衡；五作为辟邪和防腐用。

次，每次朕将登门求教。”

齐王建谦逊诚恳使荀子甚为感动。荀子对这位年轻的国君增添了几分信赖和爱戴，他所希冀和寻觅的正是善纳良言，以礼治天下的国君。

齐王建让宫人将一双玉璧和千镒黄金抬到荀子面前，以表示祝贺荀子首讲成功。众学士一同站起身热烈鼓掌，欢喜散去。

荀子受到如此隆重的礼遇，甚为感动，决心尽自己的力量，将“礼”的精神在齐国贯彻。

荀子做祭酒时，稷下学宫曾经云集多人，许多著名先师都已经相继去逝了，荀子成了最为年长的一个。齐王建的父亲齐襄王在世的时候，就尊荀子“最为老师”。齐王建自然要遵从先王遗训，对荀子更加宠信。

齐王建为荀子在稷下学宫安排了一处很幽雅的宅

春申君雕像

院，位在学宫深处，距离王宫最近，四周有灌木作为围墙，从王城脚下流过的溪水经宅院的门前，流入东边的学士湖中。荀子居住的卧室宽敞明亮，坐北向南，阳光充足。

荀子画像

由于荀子格外受到齐王的礼遇，当时有些气量狭小的人不免眼红，到处说荀子的坏话。齐王听信谗言后，渐渐和荀子疏远。荀子决定离开齐国。这时，他已是81岁的老翁了，不知往哪儿去，心情沉重万分。

荀子听说楚国春申君爱好贤士，决定到楚国去。春申君仰慕荀子美名，决定请他担任兰陵令。没想到运气坏得很，春申君有位门客进谗言，春申君考虑之下，终于辞退荀子。

荀子经过秦国，拜见了秦昭王。此时秦昭王正和范雎设计“远交近攻”的阴谋攻伐天下，对荀子讲的大道理提不起一点兴趣，荀子只好回到赵国。

荀子走后春申君很后悔，派人到赵国三四次请荀子。后来决定自己亲自去请。

为了不引起赵国人的敌视，不惊动更多的人，春申君脱去令尹的官服，改换成商人的模样。这时有人说：“令尹爷，为了一个老头子，值得你千里迢迢亲自去吗？”

春申君（前314年—前238年），战国时期楚国公室大臣，著名的政治家。与魏国信陵君魏无忌、赵国平原君赵胜、齐国孟尝君田文并称为“战国四公子”，他曾任楚相。黄歇游学博闻，能言善辩。公元前262年，楚考烈王以黄歇为相，封为春申君。

春申君画像

春申君道："无知枉言。而今七国争雄，弱肉强食，得贤士者得天下。我身为楚国令尹，为楚国为助大王成就霸业，决不可没有荀况。"

春申君乘坐一辆没什么装饰的高轮车，一路顺畅到了邯郸，来到荀子府邸。

庭院中荀子正在练剑，侍者走来，待荀子收了剑上前说："禀荀老夫子，门外有一个人求见。"

说话间，春申君已经随着侍者进了大门。春申君望见荀子在庭院中，紧走几步，向荀子长揖施礼道："荀老夫子！"

荀子一惊，随即立刻明白了是怎么回事，然后上前扶起，说道："令尹，快起来，起来！你千里迢迢而来，已是感激不尽，我的家眷在楚国全靠你的照料，反让你在门外等了半日，该当荀况向你赔罪呀！"

寒暄过后，荀子和春申君一同进入客厅。坐定后，荀子问："令尹，你为何这般装束呀！"

春申君诙谐地说："为了老夫子你呀！"

荀子不解地道："为我？"

春申君说："是呀！几年前我曾率领楚国之兵解救邯郸，也算是对赵国有功。如今我来到赵国，赵国的君臣定然会大礼相迎，设宴款待。不过，如果他们知道我要把你请回楚国去，岂不要视我为仇敌？因此我只得改扮作商人模样，无声无息悄悄来到邯郸城池。”

荀子对于春申君，为请他返回楚国，装扮作商人不远千里而来，甚为感动。

“荀老夫子，看在你我往日的情分，返回楚国去吧！”春申君近于乞求地说。

此刻，荀子不免想起了兰陵旧事。他不能不想，倘若重回楚国，会不会重蹈覆辙？会不会再生出些别的什么事端来？犹豫不决，难以回答。

春申君知道荀子依然对兰陵旧事心存愤慨，他恳切地说道：“荀老夫子，往日之事，是我偏听不实之词，自问有愧，向老夫子赔罪！”说罢起身欲施礼跪拜，荀子忙阻拦。

春申君进一步申述道：“荀老夫子，咱们是君子之交，赤诚相见。记得你曾讲过，信乃做人之德，信乃治国之术，信乃为政之本。人，不可无信。你此次回到楚国去，假如有哪里待你不周，你还可以离开楚国，再回赵国。或去齐国，去秦国，我绝不阻拦。”

春申君将话说到这种地步，荀子实难回绝。最后拗不过春申君的好意，荀子又回到楚国当兰陵令。

后来春申君去世了，荀子也98岁了，就辞了官，写了32篇文章，这就

令尹 是楚国在春秋战国时期的最高官衔，是掌握政治事务，发号施令的最高官，其执掌一国之国柄，身处上位，以率下民，对内主持国事，对外主持战争，总揽军政大权于一身。令尹主要由楚国贵族当中的贤能来担任，而且多为芈姓之族，也有少数外姓之人为令尹，实不多见，春申君是其一。

春申君画像

古代学堂

是传留后世的儒家名著《荀子》。

荀子是孔子、孟子以后的儒学大师，他继承孔子儒家以礼治国的思想，批判总结先秦诸子思想又多有融合，构筑了新的儒家礼学思想体系，他的性恶论、群分说、正名论都具有独创性和很高的理论价值。他的群分说、礼法观等是汉代以后一些封建王朝的指导思想。

总之，荀子的礼论继承和发展了孔子礼学，奠定了中华文化的主体结构，构成了中华民族特有的文化模式。

2000多年来，礼学作为儒学的核心内容，一直被孔子之后的儒家学者所尊崇和发展。孟子、荀子、两汉经学、宋明理学，以及当代新儒学，均对孔子的礼学思想进行了阐释、批判以及发挥和改造。这些学说丰富和发展了儒学体系，也为现代人讲究文明礼貌，尊礼守礼提供了一个广阔的天地。

阅读链接

荀子认为，一个人眼睛贪图美色，耳朵喜欢好听的音乐，舌头爱好美味。想吃、想玩、好逸恶劳，这都是人的天性，所以人才有七情六欲。这些天赋自然的本能并不是不好，可是如果依人天性顺其发展，必然会引起争夺暴虐，这个世界便成为自私恐怖的世界了。所以他认为，礼是社会上自然形成的公共法则，每个人都得遵守，不能选择，不许怀疑。

在荀子担任兰陵令时，李斯、韩非都曾拜在其门下，以后这两个学生把荀子学说发扬光大，成为法家思想。

传承发扬

恭敬有礼

周公、孔子和荀子对礼学的理论探索和社会实践，对后世产生了极为深远的影响。

至汉代时，经过儒者们的进一步研究，获得了极大发展，不管是制定宫廷礼仪的实践经验方面，还是整理先秦古籍的理论探索方面，我国古代礼学已经形成了比较完备的体系。

汉代重礼，当时在社会各个方面、各种人物身上，无不体现出浓厚的礼仪文化色彩。不仅帝王重礼，礼贤下士，赢得了人心，而且士大夫、各军事集团也注重以礼待人，显示出谦和好礼的时代特色。

汉代礼学体系形成

经过西周时期近800年的理论探索和社会实践，至汉代，经过了西汉时期叔孙通制礼、高堂生传习《仪礼》、戴胜著述《礼记》，以及东汉时期经学家郑玄注“三礼”，古代礼学形成了比较成熟的理论体系。

叔孙通是西汉初期儒家学者。汉高祖刘邦刚做皇帝时，就把制定宫廷礼仪的工作，交给了叔孙通。叔孙通向汉高祖建议，应该制定出符合大汉特色的礼仪来。在汉高祖的首肯下，叔孙通回到鲁地，召集当地有学问，有名望的儒生30多人，来做他的顾问和助手。

叔孙通画像

当时有些儒生对叔孙通的行动态度持不同意见。当叔孙通在山东征召儒生为汉高祖制礼作乐时，有两位儒生不愿同行，指责叔孙通在天下初定时便制礼作乐，行为不合古义。

叔孙通取笑他们不通世务，他说：“你们眼光太短浅了，不能认清历史形势！”

回到长安后，叔孙通带着30多位儒生，和他的100多位学生，在郊外开始了朝仪的演练。因为是在朝廷正式的场合使用这种礼节，所以简称为“朝仪”。

公元前200年，长乐宫落成，汉高祖首次使用叔孙通制定的宫廷礼仪进行新年朝会。

司马迁在《史记》中记载了这次朝会：天亮时，由谒者掌礼，来访者依次进入殿门。宫中设有车骑、步卒守卫，以及兵器、旗帜等。殿上传言起驾，殿下郎中跟随皇帝，数百人入殿。功臣、列侯、将军及其他军官在西列队，向东而立；文官自丞相以下在东列队，向西而立。

接待宾客的官吏大行依爵位高低宣示来宾上殿。于是皇帝乘辇出房，百官手执帜而传警，引诸侯王以下至领600石薪金的吏员依次奉贺。这时，自诸侯王以下，人人无不肃然起敬。

礼成后开始酒会，宫内侍从坐在殿上，全部伏下，以来宾尊卑依次敬酒。九觞酒后，谒者宣布罢酒。御史在场内执法，见到不依礼仪的人便立刻把他带走。整个酒会过程中都没有人敢喧哗失礼。

刘邦画像

长乐宫 西汉时期皇家宫殿群。公元前202年，汉高祖在秦兴乐宫的基础上建成长乐宫，两年之后建成未央宫，于是才把汉代的都城从栎阳迁都长安。长乐宫与未央宫、建章宫同为汉代三宫。汉高祖逝后为太后居所。因其位于未央宫东，又称“东宫”。意为“长久快乐”。

■ 朝会图

叔孙通制定的汉王朝的典礼制度实施之后，汉高祖非常高兴，认为自己终于知道做皇帝的尊贵之处。于是委任叔孙通为太常，并赏赐黄金250千克。随叔孙通入京的儒生获汉高祖封为郎，叔孙通把赏赐所得全数分赠随行的儒生。

太常 是掌建邦之天地、神祇、人鬼之礼，吉凶宾军嘉礼以及玉帛钟鼓等文物的官员，位列汉代九卿之首，地位十分崇高，兼管文化教育、陵县行政，也统辖博士和太学。

叔孙通的另一个贡献就是劝汉高祖不要废长立幼。公元前195年，汉高祖打算让赵王刘如意代替太子。后经叔孙通进谏规劝，汉高祖再没有更换太子的想法了。

从当时的政治生态看，如果改立太子，刘如意在朝廷中根本没有自己的根基。儒家历来提倡“穷则独善其身”，可是更讲究“达则兼济天下”。叔孙通不

仅仅是“独善其身”，而且是兼济天下之人。

后来，汉代的儒生都称赞叔孙通是个圣人。司马迁则在《史记》中称赞叔孙通为“汉家儒宗”。

高堂生也是西汉初期儒家学者，他所传习的《仪礼》，在“三礼”中成书最早，而且首先取得经的地位，是礼的本经。

公元前136年，汉武帝初置五经博士，《仪礼》即居其一。据《史记》记载，西汉初最早传授《仪礼》的是高堂生。《汉书·儒林传》记载：“汉兴……诸学多言礼，而高堂生最本。”

一般认为，高堂生把《仪礼》传给萧奋，萧奋传给孟卿，孟卿传给后苍，后苍传给戴德、戴圣、庆

五经博士 古代学官名。博士源于战国。秦代及汉代初期，博士的职务主要是掌管图书，通古今以备顾问。汉武帝设五经博士，教授弟子，从此博士成为专门传授儒家经学的学官。汉代初期，《易》《书》《诗》《礼》《春秋》每经只有一家，每经置一博士，各以家法教授，故称“五经博士”。

普，这就是汉代的礼学的所谓“五传弟子”。

关于《仪礼》一书的作者及其年代，自古以来就存在分歧。古文经学家认为是周公所作，今文经学家认为是孔子所作。孔子慨叹周室衰微，礼崩乐坏，一般认为以孔子作《仪礼》说比较合理。

《仪礼》作为一部上古的经典，具有很高的学术价值。此书涉及面广，从冠婚飨射到朝聘丧葬，无所不备，犹如一幅古代社会生活的长卷，是研究古代社会生活的重要史料之一。书中记载的古代宫室、车旗、服饰、饮食、丧葬之制，以及各种礼乐器的形制、组合方式等尤其详尽，考古学家在研究上古遗址及出土器物时，每每要质正于《仪礼》。

《仪礼》是儒家经邦治国的煌煌大典之一，对我国文化影响非常深远。从唐代的开元礼至宋代的《政和五礼新仪》《大明集礼》，乃至《大清会典》，皇室主要成员的冠礼、婚礼、丧礼、祭礼，以及聘礼、觐礼等，都是以《仪礼》作为蓝本，加以损益而成的。

《礼记》是古代一部重要的典章制度书籍，儒家经典之一。该书

汉代兵马俑

汉代礼乐演奏俑

编定是西汉礼学家戴德和他的侄子戴圣。戴德选编的85篇本叫《大戴礼记》，在后来的流传过程中若断若续，至唐代只剩下了39篇；戴圣选编的49篇本叫《小戴礼记》，即我们今天见到的《礼记》。这两种书各有侧重和取舍，各有特色。

《礼记》的内容主要是记载和论述先秦的礼制、礼仪，解释仪礼，记录孔子和弟子等的问答，记述修身做人的准则。内容涉及政治、法律、道德、哲学、历史、祭祀、文艺、日常生活、历法、地理等诸多方面，几乎包罗万象，集中体现了先秦时期儒家的政治、哲学和伦理思想，是研究先秦时期社会的重要资料。

《礼记》不仅是一部描写规章制度的书，也是一部关于仁义道德的教科书。其中最有名篇章，有《大学》《中庸》《礼运》等。

《礼记》与《仪礼》《周礼》合称“三礼”，对我国文化产生过深远的影响，各个时代的人都从中寻找思想资源。因而，历代为《礼记》作注释的书很多。

自汉武帝“罢黜百家，独尊儒术”，立五经博士以倡经学之后，在政治和学术上都可以说是进入到了一个经学化的时代。两汉经学的发展在历经了长久的积累之后，至东汉末年出现了一位集大成式的人物，他就是郑玄。

由于建立各种礼仪制度的实际需要，在两汉经学之中，礼学的发展可以说是首当其冲的。从某种意义上来说，两汉官方经学的整合在很大程度上就是以礼学为基础的礼仪制度的整合，而两汉礼学的传承和发展的集大成的结果，又是以郑玄《三礼注》的出现为标志的。

郑玄通过以经解经、以史解经，以百家之说解经，为《周礼》《仪礼》和《礼记》作注，在仪规之礼、制度之礼和观念之礼方面进行了诠释和解说。

流传至今的郑玄的《三礼注》，是郑学中最具代表性的传世经注，既贴近于本经，又可以满足后世对经典的认识和理解。对我国后世政治制度、社会思想、文化传统、伦理观念影响很大。

总之，经过汉代儒生的努力，汉代礼学已成体系，不仅帮助了当时人们对礼仪的理解，指导了人们如何以谦和之礼为人处世，同时，儒学之礼的立言立行之德，更是影响后世。

阅读链接

郑玄10岁那年，有一次去外公家，外公问他读什么书，他回答："读《左氏春秋》，演《九章算经》。"

随后老人稍微沉吟，念道："小园荷塘藕芽生，日长一寸露峥嵘。屈指一满三十日，夜来蓦然起秋风。去水六寸吹折断，新蕊斜垂染水红。茎蕊之间八寸整，荷塘深浅谁知情？"

郑玄听完外公的话后，略加思索，朗声回答道："荷塘水深一尺四寸。"

外公惊喜地抚摸着郑玄的头说："外孙真是聪明啊，将来必成大器！"后来，郑玄果然成为东汉末年的经学大师。

刘邦以礼相待郦食其

汉代礼学之所以大有建树，与汉高祖刘邦有一定关系。事实上，刘邦的为人处世风格，对汉代礼仪文化建设产生了很大影响。

刘邦画像

刘邦出身农民家庭，年轻时游手好闲，文化底子薄不可否认。但到了晚年，他反躬自省，“追思昔所行，多不是”，于是谆谆告诫儿子们好好读书。在这个思想转变的过程中，不但有叔孙通为刘邦制定宫廷礼仪，在实用层面上转变了他对儒学的看法，也有在此之前的秦代末期风云际会之时，“高阳酒徒”郦食其的一份功劳。

那是在秦代末年，刘邦和项

刘邦征战图

羽兵分两路进军关中，楚怀王事先与他们约定，先进入咸阳者为关中王。刘邦率领大军直捣秦国国都的门户函谷关。他途经位于现在的河南杞县西边的高阳，准备消灭驻扎在那里的秦军。

当时高阳有一个名叫郦食其的人，60多岁，酒量惊人。他天生喜好读书，为人狂傲，放荡不羁，家境贫寒，不得已在县中谋了一个低贱的门吏。县中很多人看不惯他，送他一个“狂生”的绰号。

以前项梁率兵经过，郦食其听说项梁他们喜好烦琐的礼节，而且又各怀私心，听不进气度恢宏的访谈，故而闭门拒见。这次他听说有雄才大略的刘邦经过，于是就让在刘邦帐下当骑兵的一个乡亲引见，想见刘邦，愿为他效劳。

刘邦问来人什么样？卫兵通报，来人身穿长衫，头戴冠帽，像个读书人。

刘邦一听是个读书人，就告诉卫兵说：“你去回绝他，就说我正在忙于天下大事，没时间见儒生。”

郦食其听了，双目圆睁，手按剑柄，大声吼道：“你回去告诉沛公，我不是儒生，我乃高阳酒徒。”

郦食其声如炸雷，卫兵一惊，手中的兵器都吓掉了，忙回去告诉刘邦：“此人是天下的壮士，他大声一吼，把我手中的兵器都吓掉了。”

刘邦听了，就让郦食其进来。

郦食进到屋里，看见刘邦正坐在床边，让两个女子给他洗脚。郦食其见状，故意慢慢腾腾地走到刘邦面前，只是作揖，并不下拜。

刘邦看见来人是个60多岁的儒生，心里很失望，仍旧坐在床边纹丝不动，好像根本没看见有人给他作揖。

郦食其看到刘邦这样傲慢无礼很生气，高声问道：“足下带兵到此，不知是帮助秦国攻打起事的诸侯呢？还是帮助各诸侯讨伐暴秦？”

刘邦听他说话这样随便，明知故问，也不下拜，举止故作斯文，于是大动肝火，喝道：“你真是一个不识时务的书呆子！天下人谁没有尝过暴秦的苦头？天下的豪杰都讨伐秦，我怎么会去助秦？”

郦食其不紧不慢地说：“足下如果真心讨伐暴秦，为什么见到年长的人这样无礼？你想一想，行军打仗不能蛮干，要有好的谋略，如果您对待贤人这样傲慢，那么谁还为您献计献策呢？”

函谷关 是历史上建置最早的雄关要塞之一，因关在谷中，深险如函，故称“函谷关”。这里曾是战马嘶鸣的古战场，素有“一夫当关，万夫莫开”之称。这里又是古代思想家、哲学家老子著述《道德经》的地方。千百年来，众多海内外道家、道教人士都到这里朝圣祭祖。

郦食其画像

刘邦入陈留蜡像

刘邦听了郦食其说话的口气，心中不免一惊，忙擦干双脚，理正衣襟，请郦食其就上座。接下来两人攀谈起来。

郦食其滔滔不绝地畅言六国合纵连横的历史，他说："从前，商汤伐夏桀，封夏的后人于杞国；周武王伐商纣，封商的后人于宋国。如今秦做出的最丧德事，就是灭了诸侯国家，让六国的后人无立锥之地。你要以恢复六国为政治纲领，授六国的后人以王印，天下人都会对你感恩戴德。你德行天下，自然就称霸了，连项羽也会乖乖地来朝拜你。"

刘邦一听大喜，马上让人端上饮食。然后，恭恭敬敬地说："消灭秦军有何良策呢？请先生多多指教。"

郦食其见刘邦改变了态度，虚心求教，便对他说："足下的兵马还不到1万人，就打算长驱攻入秦国的国都，这好比是驱赶着羊群扑向老虎，只能白白送命。依我看不如先去攻打陈留。陈留是个战略要地，城中积存的粮食很多，作为军粮足够用，而且交通四通八达。"

这样，郦食其向刘邦献出了一条妙计。刘邦非常高兴，请郦食其先行到陈留，然后选派一员大将领一部分精兵赶到。

郦食其来到陈留，见到县令后就劝他投降，县令不肯。郦食其在酒宴上把县令灌醉了，然后偷出县衙令箭，假传县令的命令，骗开城门，把刘邦的军队放进去。

第二天，刘邦的大队人马进入陈留。由于郦食其事先早已为刘邦写好了安民告示，刘邦一进城，就受到百姓的欢迎。

刘邦看到陈留果然贮有大量的粮食，十分佩服郦食其的神机妙算，于是，封他为广野君。刘邦在陈留招兵买马，军队扩大了将近一倍。并且从此更加礼待郦食其。

公元前204年楚汉相争时，郦食其又建议刘邦说："楚汉相争久持不下，这样百姓骚动，海内动荡，人心不安。希望你急速进兵，收取荥阳，有了粮食，并

合纵连横 战国时期所宣扬并推行的外交和军事政策。苏秦曾经联合"天下之士合纵相聚于赵而欲攻秦"，他游说六国诸侯，要六国联合起来西向抗秦。秦在西方，六国土地南北相连，故称"合纵"。与合纵政策针锋相对的是连横。

楚汉战争蜡像

且占据了险要地方，天下就归属于你了。”并说自己愿意去说服兵众将广、割据一方的齐王田横。

“高阳酒徒”郦食其的这一建议，成为刘邦夺取天下的战略思想。郦食其到了齐地，向齐王田横晓以利害，齐王欣然同意。罢兵守城，天天和郦食其纵酒谈心。这时，由于韩信乘机攻齐，为田横所误解，认为这是郦食其出卖了他，遂将郦食其烹杀。

在临刑前，田氏宗族田广对郦食其说：“你要是能阻止汉军，我就放了你。”

郦食其说：“举行大事，就不要顾及细小的事，大的德行我不会推辞，你也不必多说了。”说罢慷慨就义。

刘邦礼待郦食其，终于得到一名忠臣。后世的人们只要一提起“高阳酒徒”，不仅会想到刘邦以礼待人的做法，更会想到郦食其为刘邦建立汉王朝所立下的汗马功劳。

阅读链接

刘邦做了皇帝后，分封了萧何等20余人的官职，但众将领互不服气。

有一次，刘邦看见众将坐在沙地上不知在说什么，问身边的张良怎么回事？

张良说他们在谋反。

刘邦问为什么？

张良说怕刘邦以后不会封他们高官。

刘邦又问怎么办？

张良就问刘邦最恨的人是谁，刘邦说是雍齿。

张良让刘邦封雍齿为侯，这样，大家就觉得被刘邦记恨的雍齿都能受封，他们就不用着急了。于是，刘邦大摆庆功宴，封雍齿为什方侯。此事之后，众将不再抱怨。

张良大礼跪拜黄石公

汉代对礼仪的重视在张良身上得到了充分体现，而且是通过他的传奇经历来体现的。

张良，又叫张子房，是西汉高祖刘邦的军师，他的祖先是韩国人。在秦灭韩后，张良立志为韩国报仇。有一次，因刺杀秦始皇未遂，受到追捕而避居到下邳。也许是正因为他行刺失败后逃到了下邳，才有了黄石公授书的传奇经历。

秦始皇画像

原来，秦始皇在灭了六国统一中原以后，经常到各地方去视察。公元前218年的春天，他带着大队人马到了博浪沙，就是现在的河南原阳县城东郊。

车队正在拐弯的时候，突然“哗啦啦”一声响，不知道打哪儿飞来个大铁锥，把前面的一辆副车砸得粉碎。秦始皇不在副车上，铁锥打碎了副车的车挡，有半截碎块崩到他的跟前，差点儿打着他。

车队一下子全停下来。武士们四面搜查，没费多大功夫就把那个刺客逮住了。

秦始皇命令，一定要手下的人把主使刺客的人查出来。主使的人当然是有的，可是那个刺客就是不说。刺客在说事先编好的话时不知不觉地露了口风，怕秦始皇的人追问下去，就自己撞死了。

从刺客的话语中，秦始皇推想那个主使刺客的人是从前韩国相国的儿子，就立刻下了命令，捉拿那个韩国的公子，尤其是韩国一带更要严加搜查。

这件事的主谋正是韩国公子，他听到风声很紧，就更名改姓叫张良，逃到了下邳。

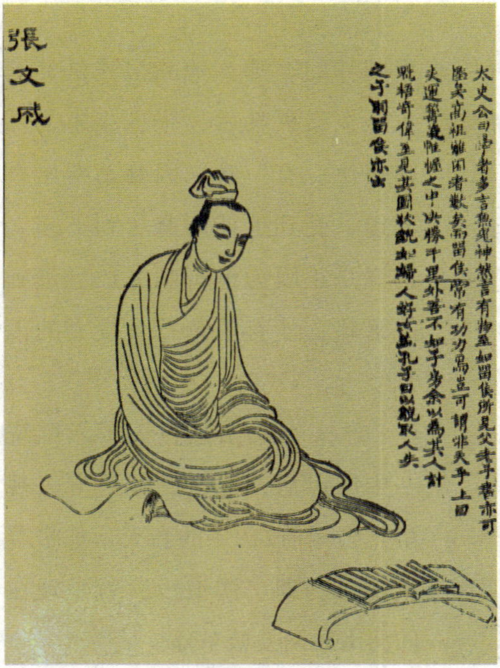

张良的祖父、父亲都做过韩国的相国。韩国被灭的时候，张良还年轻，他决心替韩国报仇，就变卖家产，推说到外边去求学，离开了家。其实他是到外边去找机会刺杀秦始皇。

时间不久，张良交上了一个大力士，情愿替他拼命。那个大力士使的兵器是一个大铁锥，足足有120斤重。秦汉时期的一斤，相当于现在的半斤。

他们到处探听秦始皇的行动。这会儿探听到秦始皇要到东边来，就在博浪沙埋伏着，给他一个突然袭击。哪知只打碎了一辆车，刺客也自杀了。

黄石公雕像

张良一直逃到下邳，躲了起来。他身上带着黄金，在这里结交了不少朋友，还想替韩国报仇。不到一年工夫，张良在下邳出了名。邻近的人都知道他是个很有学问的读书人，可不知道他就是跟大力士在博浪沙行刺秦始皇的韩国公子。

这一天，张良闲来无事，就到下邳桥上去散步。但就是在这里，他碰到了一个改变他命运的老人。

老人穿着粗布短衣，见到一个年轻人，打量了半天，就走到他旁边。他故意把鞋子踢在桥下，然后回过头来冲着年轻人说："孩子，下桥去给我把鞋子拾上来。"

张良听了一愣，不知道他为什么这样指使自己，但一看他是个老人，就忍住气到桥下把鞋拾了上来。

那老人见年轻人很听话，就又命令似的说："把鞋子给我穿上！"

张良一想，既然已经给他拾来了鞋子，不如就给他穿上吧，于是就跪在地上给他穿鞋。

那老人依坐在桥栏边，悠闲地跷着二郎腿，把脚

相国 战国时称为"相邦"，汉高祖刘邦即位后，为避讳改为相国。之后，相国官职正式任命一般是篡位的权臣。后代对担任宰相的官员，也称"相国"。后来慢慢地变成只有丞相一职。明清时期对于内阁大学士也雅称"相国"。

黄石公向张良授书

伸出来，让张良给他穿好后，笑嘻嘻地走了。

张良一直用惊奇的目光注视着老人的去向。那老人走了一段路，又折回身来，对他说：“你这个孩子是能培养成才的。5天以后的早上，天一亮，就到这里来同我会面吧！”

张良想，一个老人约自己，那就不该不来的。于是，就跪下来诚恳地说：“是。”

第五天天刚亮，张良到了下邳桥上。不料那老人已经等在那里了。老人见了张良，生气地说：“和老人约会，怎么应该迟到？再过5天你再来吧！”说完转身离去。

姜太公（前1156年—前1017年），因是齐国始祖而称“太公望”，俗称“姜太公”。先后辅佐了6位周王，因功封于齐，成为周代齐国的始祖。是历史上杰出的政治家、军事家和谋略家。

张良觉得这的确是自己的错。5天后的早上，鸡一叫，张良就赶去了。可是到了那里，发现老人又等在那儿了。

老人见了张良，生气地说：“你怎么又落在我后面了？过5天再来吧！”说完又走了。

又过了5天，这次，张良不到半夜就赶到桥上，等了好久，那老人来了。

老人一看挺高兴，就说："嗯，这样才对嘛！"说完拿出一本书来，指着说道，"你从今天起，认真研读这本书。过10年，天下形势有变，你就会发迹，能做帝王的老师了！以后13年，你就会在济北郡谷城山下看到一块黄石，那就是我了。"

老人说完，飘然而去。

张良怔怔地愣在那里，半天没回过神儿来。等到早上天亮时，他拿出那本书来一看，原来是《太公兵法》。他知道，这是辅佐周武王伐纣的姜太公的兵书！一时欣喜若狂，知道自己得到了世间宝物。

张良十分珍爱《太公兵法》，从此以后，每天反复地学习、研究，终于弄懂了其中排兵布阵的道理。

10年过去了，陈胜等人起兵反秦，张良也聚集了100多人响应。这时，沛县的刘邦率领几千人马，在下邳的西面攻占了一些地方。张良见刘邦势众，又是一个想干大事的有志之士，就归附于他，成为他的部属。

自从归附刘邦，张良就根据从《太公兵法》中学得的知识，经常向刘邦献计献策。每次刘邦都认为很好，常常采用他的计谋。

由于其计策多有成效，刘邦就

《太公兵法》 又称《六韬》《太公六韬》，是我国古代的一部著名兵书。最早明确收录此书的是《隋书·经籍志》，题为"周文王师姜望撰"。姜望即姜太公。从此书的内容、文风及近年出土文物资料分析，全书有6卷，共60篇。《六韬》的内容十分广泛，对有关战争和各方面问题，几乎都涉及了。其中最精彩的部分是它的战略论和战术论。

张良塑像

任命他为军师。从此，张良宏图大展，运筹于帷幄之中，决胜于千里之外，成为一个杰出的军事家、政治家，与韩信、萧何一起，被称为“汉初三杰”，他们都是汉王朝的开国元勋。刘邦称帝后，封张良为留侯。

张良始终不忘那个给他《太公兵法》的老人。13年后，他随从刘邦经过济北时，果然在谷城山下看见了老人当初说的那块黄石，并把它取回，称之为“黄石公”，作为珍宝供奉起来，按时祭祀。

张良去世以后，他的家属把这块黄石和他葬在了一起，以示永久纪念。

张良得到了世上高人的指点，就是因为他充分地尊重老人，以大礼参拜，才赢得了老人的赏识，在其指引下终成大器，流芳千古。

阅读链接

张良为刘邦的霸业立下了汗马功劳。他曾劝刘邦在鸿门宴上卑辞言和，保存实力，并疏通项羽叔父项伯，使刘邦得以脱身。在楚汉战争中，提出不立六国后代，联结英布、彭越，重用韩信等策略。又主张追击项羽，歼灭楚军，为刘邦完成统一大业奠定坚实基础。

汉王朝建立后，他见刘邦封故旧亲近，诛旧日私怨，力谏刘邦封夙怨雍齿，释疑群臣。刘邦曾赞其“运筹策帷帐之中，决胜于千里外”，这一名句，随着张良的机智谋划、文韬武略而流传百世。

汉明帝执弟子礼待师

汉代礼仪文化兴盛，在汉代帝王中，以礼待人的典型当属汉明帝刘庄。在汉明帝身上，体现了汉代一朝帝王的儒家礼仪修养。

汉明帝刘庄是东汉第二代皇帝，是历史上著名的政治家、军事家，其父是东汉王朝的开国皇帝汉光武帝刘秀，其母阴丽华，是春秋时期的一代名相管仲的后裔。

汉明帝刘庄画像

汉明帝提倡儒学，因而讲究尊师重礼，尤其对帝师桓荣，更是倍加尊敬。那还是在汉明帝刘庄做太子的时候，他对自己的老师桓荣就非常尊敬，从不摆皇太子的架子。

汉明帝画像

每次桓荣生病，刘庄就派遣侍从前去看望问候，并派太官、太医为桓荣医治。他还常常亲自到他家询问病情，并赐给他床第、帷帐、刀剑、衣被等物。有一次，桓荣老师病重在床，不能前来太子宫讲课，年轻的刘庄每天早晚都要派人前去询问病情，并且送去最好吃的东西。

桓荣那时已60岁了，刘庄为了照顾他，遇到下雨，或者天晚，行走不便，就留老师在太子宫住。为了表达对老师教诲的感激之情，刘庄亲自给桓荣写了一封信，殷切希望老师：

注意饮食起居，好好保重身体。

经学 经学原本是泛指各家学说要义的学问，但在汉代“独尊儒术”后为特指研究儒家经典，是一种解释其字面意义、阐明其蕴含义理的学问。经学是我国古代学术的主体，其中蕴藏了丰富而深刻的思想，保存了大量珍贵的史料，是儒家学说的核心组成部分。

刘庄在父亲倡导经学的精神指引下，重视研究经学。正是由于桓荣的悉心教导，刘庄成了当时出色的经学家之一。后来他采取很多鼓励经学发展的措施，使东汉时期经学发展到了极盛的程度。

刘庄即位汉明帝后，虽然地位变了，但尊敬老师却一如既往，从不把桓荣当一般臣下看待，仍尊桓荣以师礼，像当年讲学一样，聆听老师的指教。

汉明帝即位时桓荣已80多岁了，早在汉光武帝时就被拜为太常。汉明帝为了照顾他，首先免去了上朝奏事的礼节，让他在家里好好休养。

为了能经常见到老师，继续向老师学习，并让桓荣教授更多的人，汉明帝还将朝中百官和桓荣教过的学生数百人召到太常府，向桓荣行弟子礼，听桓荣讲解经义。

到了太常府桓荣家后，汉明帝亲自搀扶老师起身，让他坐在东面上位，把自己仍放在原来当学生的位置。老师坐定后，汉明帝就叫侍从把几案摆在老师面前，汉明帝亲自手捧经书，带着百官及儒生侍立在老师面前，恭恭敬敬地听桓荣讲弟子礼节。

在学习中，有人离开座位向汉明帝请教，汉明帝总是指着桓荣，很谦逊地说："太师在这里，我们好好听太师讲吧！"

到了休息时间，汉明帝又亲自捧着从皇宫带来的点心到老师面前，请老师食用。讲礼结束后，还把太官的供具都赐给了太常府。

对桓荣的健康状况，汉明帝尤为关怀备至。只要一听说桓荣生病，汉明帝马上就派侍从带着名药和佳肴美味，前去慰问。后来桓荣一病不起，在弥留之

桓荣 字春卿，东汉沛郡龙亢人，东汉时期大臣、名儒。少赴长安求学，拜博士朱普为师，刻苦自励，15年不回家园，终成学业。建武十九年，桓荣60余岁方为汉光武帝刘秀赏识，拜为议郎，被请进宫教授太子刘庄。每逢朝会，刘秀请桓荣当众讲解经书，继而拜为博士，从此恩遇日隆。后拜太常。明帝刘庄即位，对桓荣倍加敬重，尊以师礼，拜为五更，旋封其为关内侯。

■ 汉代宫廷礼仪图

朝仪 古代帝王临朝的典礼仪式。按规定：天子面向南，三公面向北以东为上，孤面向东以北为上，卿大夫面向西以北为上，王族在路门右侧，面向南以东为上，大仆大右及大仆的属官在路门左侧，面向南以西为上。朝仪之位已定，天子和臣子行揖礼，礼毕退朝。

际，特意写了奏章，向汉明帝谢恩，并请求归还他的爵位和封地。

汉明帝看了奏章，知道老师的病情严重，就立即决定亲自前往桓荣家。这天早晨，汉明帝下令免去朝仪，他连早饭都顾不上吃，就乘御车到太常府去。当御车进入桓荣居住的小巷时，汉明帝怕惊动老师，就下车步行。

大家走进小巷，汉明帝已经愁容满面，越接近太常府大门，越显出忧心忡忡的样子。他双手捧着经书轻脚轻手地走在前面，其余大臣和侍从，也默默地紧跟在后面。这支不太长的队伍，缓缓地向前移动着。

这条小巷，不太宽也不太窄，长却有500米。两旁庭院，多是官宦人家。他们听说当今皇上亲自来看望桓荣的病情，虽不敢走出门外，但男女老幼都早已聚集在门口、窗前。他们看到这种情景，都默不作声，肃然起敬。

■ 汉代礼仪官员

到了太常府院里，汉明帝放轻了脚步，慢慢来到桓荣的病榻前。看到生命垂危、肤色蜡黄、说话已含糊不清的老师，汉明帝忍不住流下了眼泪。

汉明帝拉着老师干枯的双手，不停地安慰老师，要他静心养病，争取早日康复。这样劝慰了一会儿，汉明帝见老师有些疲倦，就不再说话，只是默默地站着。过了好些时候，才依依不舍地离去。

当朝皇帝对桓荣如此，所以从此后，诸侯、将军、大夫来探病的，不敢再乘车到门口，到了床前也都施下拜礼。

时隔不久，桓荣病故的消息传到了皇宫。汉明帝闻听噩讯，怎么也抑制不住巨大的悲痛，泪流满面，他当即吩咐内宫为老师准备丧服。他还亲自穿上丧服，到太常府去吊唁。

汉代酒礼

到了太常府门前，还没等侍从揭开车帘，汉明帝就已下了车，急忙走了进去，径直来到了老师的灵柩前，流着泪行了礼，又亲自献上挽联。汉明帝还安慰桓荣的家属，赐桓荣家修筑坟茔的墓地，在洛阳城外首山之阳，并亲自为老师送葬。

当时桓荣的儿子桓郁按制应当继承爵位，但桓郁想让给他兄长的儿子桓泛，汉明帝不许，桓郁于是接受封赐，而把得到的封邑的收入都给了桓泛。

汉明帝见桓郁颇有悌德，就任命桓郁为侍中，在自己身边供职，以慰老师的在天之灵。

汉明帝在位期间，全面进行礼制建设，这是他极其重要的政治建树之一。汉明帝模仿西周、春秋时期古制，在辟雍中开始实行大射礼。通过大射礼来区分尊卑等级和选拔人才，以便更好地管理国家。

汉明帝规定了乡饮酒礼。他在公元60年，“使天

辟雍 古代学宫，男性贵族子弟在里面学习作为一个贵族所需要的各种技艺，如礼仪、音乐、舞蹈、诵诗、写作、射箭、骑马、驾车等。贵族子弟从10岁开始就要寄宿于城内的“小学”，至15岁时进入郊外的“辟雍”，至20岁行冠礼表示成年。

汉代养老礼砖画

下郡国行乡饮酒礼于学校”。乡饮酒礼起源很早，在周代，是乡学中举行酒会的礼仪。汉明帝实行乡饮酒礼，是对各郡国人民进行教化，使他们能够明确区分贵贱、长幼。这对稳定地方秩序是非常有利的。

汉明帝还特别制定和实行了养老礼，这在他的礼制建设中确实是非常重要的举措。汉明帝重视养老礼的实施，仍然是要借助礼仪进行教化，其目的在于提倡“孝”道，以实现“导民以孝，则天下顺”的意图。这是汉代初期“以孝治天下”精神的延续。

汉明帝通过礼制建设，全面恢复了儒家的礼仪模式，以此来约束人们的行动，使东汉时期礼制规定，出现了全新的状况。而汉明帝以儒家礼仪尊师重道，堪为当时和后世的楷模，令人感佩。

阅读链接

汉明帝崇尚儒学，他命令皇太子、诸侯王及大臣子弟、功臣子弟，都要读经。又为外戚樊氏、郭氏、阴氏、马氏诸子弟立学校于南宫，聘任高明的经师传道授业。

汉明帝在“五经”之中，特别重视《孝经》，继续倡导“以孝治天下”。他甚至命令期门、羽林的守卫士兵都要背诵《孝经》。

对礼仪制度，汉明帝也非常重视，他亲自与东平王刘苍讨论，制定了祭祀天地和祖先的仪式，按等级建立了一套天子、王侯、百官的车服制度。

蔡邕倒屣而迎王粲

汉代重礼，不仅帝王谦和好礼，更有著名学人以礼待人，成为流传后世的佳话。在这之中，东汉时期著名的文学家和书法家蔡邕“倒屣而迎”王粲的故事，显示出他对待朋友的极大热情和一片诚意。

那是在190年，汉献帝迁都长安，蔡邕也一起到了长安。

■蔡邕（133年—192年），字伯喈。陈留圉人，东汉时期著名文学家、书法家，著名才女蔡文姬之父。因官至左中郎将，故后人也称他为“蔡中郎”，蔡邕精通音律，才华横溢，师事于著名政治家、学者胡广。他通经史，善辞赋等文学外，书法精于篆、隶。尤以隶书造诣最深，名望最高，有“蔡邕书骨气洞达，爽爽有神力”的评价。创“飞白”书体，对后世影响甚大。蔡邕博学多才，好辞章、数术、天文，精通音律，尤擅书法，生平喜藏书，多至万余卷，晚年将所藏之书载数车悉数赠给王粲。著录有集20卷，早佚，后人辑有《蔡中郎集》。

王粲（177年—217年），字仲宣，山阳郡高平人。东汉末年著名文学家，“建安七子”之一，由于其文才出众，被称为“七子之冠冕”。初仕刘表。王粲现世存诗23首，他于建安十三年归顺曹操，主要是随曹操出征的感受，这些诗再现了汉末战乱的田园荒芜和满目疮痍，也歌颂了曹操的英明神武，同时也表达了自己追随曹操为国效力的意愿。

蔡邕当时已经59岁了，担任汉献帝的左中郎将，进出常是前呼后拥，真可谓才学显赫，贵重朝廷了。

当时，在现在的山东高平有个叫王粲的人，他出身名门，曾祖王龚、祖父王畅都曾位列三公，父亲王谦为大将军何进的长史。

王粲幼年时特别喜好读书，精通古代文学以及秦汉以后的诗文，并且练就了写作基本功。据说王粲记忆超群，可以过目不忘。

有一次，他与朋友一起走路，看见路旁有一通石碑，两个人站在那里把碑文看了一遍。

朋友开玩笑问他：“王兄，你能把碑文背下来吗？”王粲竟然转过身去，一字不差地背了下来。

还有一次，王粲看别人下围棋，下棋的人一不小心掀翻了棋盘，弄乱了棋局。对弈的两人正在懊恼时，王粲说：“别慌，我能恢复棋局。”下棋人认为王粲在吹牛说：“这棋盘上有两三百个棋子，看一眼就能记住，除非你是神仙！”

王粲凭着自己的记忆，很快摆出了原来的棋局。

下棋的人还是不相信他能摆对，就用手帕把棋盘盖住，另换一个棋盘让他摆。王粲很快就摆好。下棋人一看，两个棋局一模一样，没有一个棋子错位，这才真服了。

王粲不光是记忆力惊人，创

王粲著作

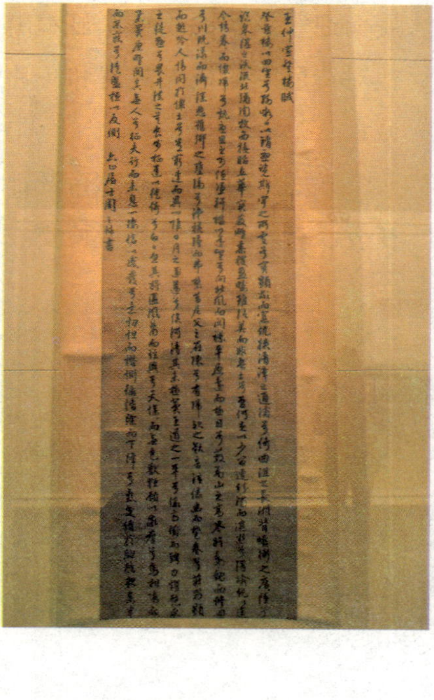

作能力也很惊人，长篇大论，提笔便成，几乎不用改，因此常有人认为他作文前已经拟好文字了。其实别人即使精心深思的文章，也不能超过他。

王粲为了生计，曾经在街头设案代笔，为人们写家信，很受老百姓的欢迎。当时有很多百姓家里的人在外面跑，有做生意未归的，有在边关服役未满期限的，还有打听亲朋旧友下落的，或者商量两家儿女婚姻期限的，都来请王粲代笔写信。

王粲的信写得十分出色，很擅长模拟发信人的口吻，将事情原委讲得清楚明白，读信人见信如面，亲昵之情跃然纸上。

有一位弃妻出走的丈夫，在外地收到妻子的信，不禁失声痛哭，深深被妻子的痴情所感动，终于归来，与妻子破镜重圆，和和美美地过日子。

还有一位青年和尚收到老母的家信后，信中尽述母亲度日之艰难，晚景之凄凉，顿生愧疚之心，毅然退出佛门，重返尘世，极尽孝子之心。

这一消息不胫而走，人们纷纷传说京城出了个“王铁笔”。

有一天，这事终于传入了高门大户，被蔡邕知道了。他听说王粲的一纸书信竟能使和尚还俗感到诧异，便对仆人说：“快去请那位‘王铁笔’来，我想看看他到底有没有真本事！”

因为蔡邕身任要职，事务繁多，所以这一天下朝回到家中后，倦意袭了上来，连午饭也没吃，本想靠在竹榻上歇一会儿，不知不觉就睡着了。这时，老仆人匆匆地走了过来，见主人正在午睡，一时欲进

■ 蔡文姬雕塑

不进的样子。

蔡邕女儿蔡文姬忙问有什么事，仆人回答：“小姐，门外来了一个叫王粲的人，说要求见老爷。”

蔡文姬当时只有10多岁。她自小耳濡目染，既博学能文，又善诗赋，后来成为大诗人，是历史上著名的才女和文学家。

蔡文姬听了老仆人的禀报，她想起，由于父亲的才学著称于世，又被朝廷器重，平日来访的车马挤满闾巷，家中常是宾客满座的。

但父亲素来就很尊重人才，从不摆架子，从不傲慢，很善于与人交往，好朋友很多。父亲还多次交代过她：只要有客人前来拜访，一定要礼貌接待；假如他不在家，就必须让客人留下名帖以便日后回访。

现在王粲来访，父亲早就多次念叨过此人的名字，肯定是很想见他的。想到这里，她轻轻地摇醒了

名帖 古代的名片。秦代名片的早期名称为“谒”，即拜访者把名字和其他介绍文字写在竹片或木片上。汉代时期，“谒”的使用越来越普遍。东汉末期，“谒”又被改称为“刺”，由于东汉时期蔡伦发明的纸张开始普遍采用，于是“刺”便由竹木片改成了更便于携带的纸张。

父亲。蔡邕猛地惊醒，睁开惺忪的睡眼问：“又该上朝了吗？”

蔡文姬忍不住“扑哧”一声笑了，说：“爹，现在是午后，哪是上朝的时间呢？”

蔡邕打了个呵欠，再问：“有什么事吗？”

蔡文姬说：“王粲先生来拜访到了门口。”

“快请他进来！”蔡邕立刻吩咐道。

仆人把王粲领进来，59岁的左中郎蔡邕看着王粲，笑着说：“哎呀，没想到你竟是一位少年，我还以为是一位年过花甲的老先生哩，快快请坐！”

王粲自觉地位低下，不敢入座。

蔡邕说：“我今天以文会友，何必客气呢！”

王粲连连称谢。

主人一边吩咐给客人看茶，一边谈起了文章之道。

王粲见蔡邕这样一个大名鼎鼎的前辈，如此谦恭对待自己这样一个后辈，十分感动。

在交谈中，蔡邕发现，这位少年对答如流，显露出惊人的文学才华，蔡邕非常高兴，不禁对他更为器重了。双方谈得很投机。蔡文姬在一旁听着，也受益匪浅。

当问及王粲的家世的时候，蔡邕眉头一紧，缓缓地

蔡文姬（约177年—约249年），名琰，原字昭姬，晋时因避司马昭之讳，改字文姬，东汉陈留圉人，东汉大文学家蔡邕的女儿，是我国历史上著名的才女和文学家，精于天文数理，既博学能文，又善诗赋，兼长辩才与音律。代表作有《胡笳十八拍》《悲愤诗》等。

■蔡邕书法

■ 建安七子蜡像

说："我想请你答应两件事，不知可否？"

王粲说："大人请说吧！"

蔡邕说："第一件事，请你今后常来，我们可以多多切磋、商讨；第二件嘛，请你给我这个花厅写一首诗吧！"

王粲思索了一下，挥笔写下了一首诗，连连说："我这是班门弄斧，献丑了。"

蔡邕看也没看，便命仆人取20两银子，作为酬谢。其实，蔡邕这是变着法子周济王粲呢！从这以后，蔡邕和王粲成了忘年交。

有一次，蔡邕设宴请客，门外车马喧闹，室内高朋满座，都是一些有头有脸的社会名流。不一会儿，仆人凑近蔡邕的耳朵，低声说："门外王粲也来了，他想见您。"

古时候，人们在家里有个脱鞋席地而坐的习惯。

建安七子 是汉代晚期建安年间7位文学家的合称，包括：孔融、陈琳、王粲、徐干、阮瑀、应玚、刘桢。这7人大体上代表了建安时期除曹氏父子外的优秀作者，所以"七子"之说，得到后世的普遍承认。他们对于诗、赋、散文的发展，都曾做出过贡献。

蔡邕一听，急急忙忙趿拉上鞋子，跑出门外去迎接，很有礼貌地把王粲接进屋里，连声说："尊客请坐！请茶！"说话间，脚下一绊，差点摔了一跤。王粲连忙扶住他。旁边的蔡文姬忽然指着蔡邕的脚，失声说："爹！您穿错鞋子了！"

蔡邕低头一看，自己也不禁失笑：原来刚才他出门太慌忙了，左脚趿着右脚的鞋子，右脚趿着左脚的鞋子，而且两只鞋都倒穿着。

在场众人见主人如此慌慌张张的样子，以为必是有什么社会名流驾到，大家纷纷起立，不料来的人却是一个布衣少年。

蔡邕看到大家的眼神，赶紧解释："这是司空王畅的孙子，才高八斗，连我也不如他。我家的书籍文章，都应该送给他，才算物归其主。"

从此，蔡邕礼待布衣，"倒屣迎宾"的故事便流传开来。王粲后来成为东汉"建安七子"之一，是个著名的文学家。

在那个时候，人与人之间的身份、地位、尊卑是分得非常清楚的。众人看到蔡邕能够放下大学者、大官的身份，如此敬重一个貌不惊人的年轻人，都感到很吃惊；而蔡邕唯才是重，对年轻的王粲谦逊礼待的举动，又不能不令人敬佩。

蔡邕倒屣而迎王粲的故事，真可谓：肝胆两相照，道义耀古今。

阅读链接

王粲博闻强识，善算术行文，曾被当时的大文学家蔡邕赏识。王粲在"建安七子"中成就最高。他的《七哀诗》和《登楼赋》最能代表"建安文学"的精神。

《七哀诗》之一《西京乱无象》写他由长安避乱荆州时途中所见饥妇弃子的场面，深刻揭示了汉代末期军阀混战造成的惨象及人民深重灾难，使人触目惊心。《登楼赋》是去荆州时登麦城城头所作，主要抒发思乡之情和怀才不遇的愁怨，极富感染力，是抒情小赋的名篇。

孔融让梨的谦让之礼

汉代对道德教育非常重视，很多家庭都非常注重道德常识的传授。因此，孩子们懂得凡事应该谦让的礼仪。其中孔融让梨就是著名的一例。

孔融家学渊源，是孔子的第二十世孙，泰山都尉孔宙之子。家父好学，治严氏《春秋》，举孝廉，授郎中，迁元城令。

孔融小时候就聪明好学，4岁时，已能背诵许多诗赋，并且懂得礼节，父母亲非常喜爱他。孔融有5个哥哥，一个小弟弟，

兄弟7人相处得十分融洽。孔融小时，他家的院子里有一棵梨树，秋天时节，大白梨挂满枝头。小哥儿几个常在树下玩耍。

孔融让梨塑像

孔融是个非常懂事的孩子，每当有人从他家门前走过，孔融都要打声招呼，该叫什么就叫什么，最后总忘不了说声“再见”，邻居都夸他是个懂礼貌的好孩子。

这一天，是一年一度的中秋节，孔融的父亲从外面买了一些瓜果。此时正是大白梨成熟的季节，就打发仆人去院里摘梨，让果品更丰盛些。小哥儿几个一听，兴致盎然，纷纷跟着仆人来到了院子。

仆人搬来梯子，正准备上树摘梨，孔融见仆人年纪大了，担心他摔着，就跟三哥孔褒说了。孔褒自告奋勇，要上树摘梨。仆人千叮万嘱，让他一定小心，然后把筐子递给已经上树的孔褒。

孔褒摘了满满一筐梨，仆人正要拿到屋里，这时，孔夫人见孩子们半天没回屋，怕有闪失，就出来查看。她发现孔褒在树上，就问仆人：“这么高的树，孩子上去多危险呀！”言语间有几分责怪之意。

孔融赶紧说：“母亲，是三哥怕他年纪大摔着，

都尉 古代武官名。战国时期始置。职位次于将军的武官。西汉时期，都尉一职的含义不断扩大。东汉时期，都尉的地位不断下降，后来在内地郡国取消都试，省略都尉，其职由太守兼，只在边郡继续保持都尉及属国都尉，或出现极端情况时，临时设立，事了则罢。当时还取消了关都尉。

就主动要求上去摘的。”

仆人在一旁也说：“是，是！”心里感激孔融为自己解释。

这时，孔夫人又发现除了孔融外，几个孩子的衣服下面鼓鼓的，马上明白了是怎么回事，就故意问道：“你们几个的衣服下面是怎么回事呀？”

孔融又马上站出来说：“母亲，他们是在玩用梨下蛋的游戏呢！”

孔融的弟弟问已经下树的三哥：“我们没玩梨下蛋的游戏呀？”

孔褒赶紧说：“你别说话！他这是在帮我们呢！”

小弟吐了吐舌头。

孔夫人自然明白孔融的意思，但不说破。她知道孔融这样说，是为了既不让自己生气，也巧妙地化解那几个淘气鬼的尴尬，心下甚是欣慰。

仆人放好方桌，摆上梨子。在方桌对面的墙上，挂着一幅孔圣人的画像。画像下面的案台上，摆放着丰盛的祭品。

父亲带着大家先祭祀先祖孔子，然后，一家人围在桌旁。母亲特地挑了一个最大的梨子给孔融。她其实是在奖赏孔融方才的举动。

孔融却将梨送到三哥面前，双手捧给他，说：“哥哥，这个大的

孔融让梨故事图

应该你吃。”

三哥孔褒说：“你吃吧，这是母亲给你的。”

孔融说：“书上说，弟弟敬重哥哥，这叫‘悌’，这是应该照着做的。”

孔融让梨图

父亲看见了，心里很高兴。别看这孩子才4岁，还真懂事哩！就故意问孔融：“这么多的梨，你为什么把大的给了哥哥？”

孔融回答说：“我年纪小，应该把大的给哥哥吃。”

父亲又问他：“你还有个弟弟哩，弟弟不是比你还要小吗？”

孔融说：“我比弟弟大，我是哥哥，我应该把大的留给弟弟吃。”

他父亲听了，哈哈大笑说：“好孩子，好孩子，真是一个好孩子。”

孔融4岁，知道让梨，上敬哥哥，下让弟弟，大家都很称赞他。在一旁的仆人也连连夸赞说：“公子真是懂事呀！大人，孔家又出了个大孝子呀！”

孔融让梨的故事，很快传遍了曲阜，并且一直流传下来，成了许多父母教育子女的好例子。

孔融小时候，不仅品学兼优，而且善于思考。他才思敏捷，巧言妙答，大家都夸他是“奇童”。

孔融10岁那年，有一次父亲外出拜客，他随父亲到达京城洛阳。当时著名的士大夫李膺也在京城，如果不是名士或他的亲戚，守门的人一般是不通报的。孔融想看看李膺是个什么样的人，就登门拜访。

孔融让梨雕塑

李膺时任青州太守，他家的守门人见来了一个10岁的孩子，忙把他拉住，问道："你是谁家小孩，到一边去玩吧！"

孔融严肃地回答说："请你进去通报，说山东孔融来访。"

守门人见他一本正经，也不知是什么来头，就笑着问："小公子，可有红帖？"红帖就是红色请柬。

孔融说："我家和你家主人世代交往，又有师生之谊，无须红帖，你只管去通报吧！"

守门人怕慢待贵客，只好进去通报。

这时李膺正和许多文人雅士交谈，听了通报，一时想不起这位孔融和自己家庭是什么关系，只好说："请进！"

小孔融兴冲冲地走进大厅，一边向主人问候，一边拱手招呼各位来宾，态度不亢不卑。

李膺一边让座，一边打量着这位俊才少年，心里好生奇怪，于是问道："小公子，你说我们两家世代交情，我怎么想不起来啊？"

孔融微笑着说："500年前，孔子曾经问礼于老子，孔子姓孔，老子姓李，说明孔、李两家500年就

太守 原为战国时期郡守的尊称。秦代设郡守，汉景帝时更名为太守，为一郡之最高长官，除治民、进贤、决讼、检奸外，还可以自行任免所属掾史。历代沿置不改。至隋代初期，以州刺史代郡守之任。此后太守不再是正式官名，仅用作刺史或知府的别称。明清时期则称"知府"。

有师生之谊。今你姓李，我姓孔，也是师生关系，我们两家不是累世通家吗！”孔融语出惊人，在座客人无不暗暗称奇。

李膺不禁哈哈大笑起来：“小公子真神童也。”

后来中大夫陈韪来到李膺府第，宾客把方才这件事情告诉他，他却不以为然地说：“小时候聪明的人，长大后未必有作为。”

面对挑战，孔融笑着说：“这样说来，先生小时候一定很聪明。”

这一巧妙对答，弄得陈韪面红耳赤无言回对，暗暗坐在一旁生气。孔融则目不斜视，装着大人模样，一本正经地喝着茶，引得众人哈哈大笑。

李膺大笑，说：“你这么聪明，将来肯定能成大器。”

后来，孔融果然成为了东汉末年的著名文学家。他和王粲等6人被合称“建安七子”。而在“建安七子”中，孔融辈分最高，是“建安七子”之首。

孔融是继蔡邕之后的文章宗师，也擅诗歌。他的文章内容大抵为伸张教化，宣扬仁政，荐贤举能，评论人物，多针对时政直抒己见，颇露锋芒，个性鲜明。

自汉代以来，孔融的文学才能和他的品格一直被广泛流传。

阅读链接

东汉末期，名士张俭因得罪宦官侯览遭到通缉。孔融的哥哥孔褒是张俭的好友，于是张俭便去投奔他。不巧孔褒不在家，孔融当时只有16岁，就留下了张俭。后来事情败露，张俭逃走，孔融、孔褒却被逮捕下狱。

孔融说人是他留下的，他该负责；孔褒说张俭来求我，非弟之过，坚持要由他负责；孔母说她是家长，她该负责。郡县官吏拿不定主意，只好如实上报朝廷。最后皇帝定了孔褒的罪。孔融因此名声大噪。州郡几次推举他为官，都被辞谢了。

陶谦三让徐州给刘备

汉代礼仪文化的感召力，对地方军事领袖也产生了巨大影响。陶谦和刘备在管理徐州这件事上相互谦恭礼让，算得上是一个典型的例子了。

■刘备（161年—223年），字玄德。涿郡涿县，即今河北涿州人，汉中山靖王刘胜的后代，三国时期蜀汉开国皇帝，即蜀汉昭烈帝。他以仁德为世人称赞，是三国时期著名的政治家。223年病逝于白帝城。史家又称他为“先主”。后世有众多文艺作品以其为主角，在成都武侯祠有昭烈庙为纪念。

那是在东汉末年，军阀纷争，战乱不已。当时的徐州刺史陶谦宽厚容让，廉洁贤明，深得官民的拥护和爱戴。陶谦感到自己年事已高，应当选一

个有才能的人，早日接替自己，为徐州百姓造福。他有两个儿子，但都不成器，没有能力，又不宽容。他认为让他们接任，会给徐州百姓带来灾难。

有一年，陶谦的部将张闿因见钱起歹念，杀死曹操的父亲曹嵩，夺去财宝逃走了。曹操就亲率大军攻打陶谦，扬言血洗徐州。

刘备和孔融应陶谦的请求，带兵前去救援他。刘备英勇善战，舍生忘死，打退曹军后，首先进入了徐州城。

陶谦早就听说过刘备礼贤下士，宽宏大度，今日一见，更觉得他胸怀大志，出语不凡，决定把徐州让给他管辖。就命人把徐州刺史的官印取来，双手递给刘备。

刘备愕然，慌忙的起身离开座位，连连摇手，说："您这是什么意思？"

陶谦诚挚地说："现在天下大乱，生灵涂炭。玄德是汉室宗亲，而且才能卓越，年富力强，正是为国为民尽忠出力的时候。我已年迈，又缺少能力，情愿将徐州相让。请你接受我的委托，收下印信。我马上写表，申奏朝廷，希望你不要推辞。"

表 是封建时代一种公文文体。即臣子写给君主的呈文。在古代，臣子写给君王的呈文有各种不同的名称。战国时期统称为“书”，汉代这类文字被分为章、奏、表、议。表的主要作用就是表达臣子对君主的忠诚和希望。

刘备听后，坚决地说：“我功微德薄，现在担任平原相还担心不称职，怎么敢接受徐州之任。我本为解救徐州而来，现在让我得到徐州，是陷我于不仁不义之地。您莫非怀疑我有吞并徐州之心吗？万万不能从命！”

陶谦的这一次出让徐州，倒不是故意试探刘备，而是真心实意的。因为他面对曹操的重兵围攻，早已心力交瘁。

在乱世中，割据一方土地是何等的重要和显赫，怎么可能拱手相让给一个素不相识的人呢？刘备当时就是因为没有自己的地盘，只能寄人篱下，没法更快发展。所以，刘备的第一反应就是认为陶谦怀疑他有别的意思，是假借救援之名，要行吞并之实。

刘备征战图

陶谦让徐州图

刘备为了表明自己确实是出于道义，绝没有非分之想，只好对天发誓。

陶谦坚称自己确实是真心诚意，要把徐州交给刘备。陶谦再三相让，刘备坚辞不受。这时，谋士们说："现在兵临城下，还是商议退敌之策要紧。等形势稳定下来，再相让不迟。"

陶谦只好暂时放下。这是陶谦第一次让徐州。

随后，刘备写信给曹操，说明张闿杀曹父之事，确实和陶谦无关，请求曹操退兵。事实上，此时的刘备根本没资本和曹操开战，曹操本来也不想给刘备面子，但吕布在这个时候借机出兵，来袭曹操的后路，曹操担心腹背受敌，不得不退兵，于是，就假装给了刘备一个顺水人情。由此，刘备的这封书信也就成了

曹操（155年—220年），字孟德，东汉末年著名的政治家、军事家、文学家、书法家。三国时曹魏政权的缔造者，先为东汉大将军、丞相，后为魏王。曹操为统一中国北方做出重大贡献，同时在北方屯田，对农业生产恢复起到了很大作用。

■ 曹操进兵徐州图

刺史 职官，汉武帝年间始置，“刺”为检核问事之意。刺史巡行郡县，分全国为十三部，各置部刺史一人，后通称刺史。刺史对维护皇权，澄清吏治，促使昭宣中兴局面的形成起着积极的作用。王莽称帝时期刺史改称州牧，职权进一步扩大，由监察官变为地方军事行政长官。

保全徐州的一大功绩。

曹操退兵后，徐州城里摆宴庆祝。酒至数巡，陶谦再次提出了相让徐州。

陶谦这一次的理由除了先前表达过自己年老体衰，精力匮乏之外，还增加了新的理由。他说：“我已风烛残年，两个儿子缺少才能，担任不了国家重任。玄德德高才广，又是汉朝王室的后代，我认为由他担任徐州刺史，最合适不过了。我情愿拱手相让，闲居养病。”

刘备这时已知道陶谦确实是发自内心的相让，但还是不敢接受。刘备的想法是：“我前来救援，本是出于道义。如果就此占了徐州，别人一定会以不义的名声来责备我。”因此还是坚辞不受。

陶谦的别驾从事麋竺也来帮腔说服刘备：“现今天下混乱，正是英雄豪杰建功立业的大好时机。徐州殷富，户口百万，使君千万不要推辞！”

麋竺的分析是极有道理的，对于刘备来说，如果能拥有徐州这块富庶的地盘，对于他实现胸中抱负绝对是一个良好的开端。

陶谦的典农校尉陈登也劝说刘备道："陶府君体衰多病，无法署理大事，使君您一定不要推辞。"

麋竺、陈登两人本是陶谦的下属，这时也帮着陶谦来说服刘备，说明陶谦的十足诚意。但刘备还是不敢受，他思前想后，想出了一个替代性的办法来为自己解围。他说："袁术四世三公，名望极高，又近在寿春，为什么不把徐州让给他呢？"

但陶谦等人根本看不上袁术，不可能平白无故将一个富庶之州让给袁术。他抱着刘备，流着泪说："你若不答应，离我而去，我是死不瞑目啊！"

大家都劝刘备接任。刘备手下名将张飞快言快语地说："你又不是强要他的州郡，是陶刺史好心相让，何必苦苦推辞。"

刘备被逼得急了，眼看无法推脱，只好拔出宝剑说："如果你们一定要陷我于不义，那我只能一死了之了。"

最后，陶谦只好说："玄德一定不肯答应，那就暂时放下这件事。不过，在这附近有座小城叫小沛，请你暂在那里驻军，帮我保卫徐州，不要

校尉 是我国历史上重要的武官官职。官名。校，军事编制单位；尉，军官。校尉为部队长之意。战国末当已有此官。秦朝为中级军官。汉朝时达到鼎盛时期，其地位仅次于各将军。校尉始置于秦朝，为中级军官。西汉时，汉武帝为了加强对长安的防护而置中垒、屯骑、步兵、越骑、长水、胡骑、射声、虎贲八校尉。八校尉之秩皆为比二千石，属官有丞及司马。

陶谦让徐州图

再回平原了。”

刘备勉强答应了这个请求。

陶谦的第二次相让徐州，结果还是以失败告终。

不久，陶谦忽然患病，而且一天比一天沉重。他知道将不久于人世，决定第三次向刘备提出让徐州，就以商议军务的名义，派人从小沛把刘备请进府中。

刘备赶到时，陶谦已经奄奄一息，他紧紧握住刘备的手说：“请玄德来，就是让你接受徐州印信，你还要以国家为重。由你来治理徐州，我死也瞑目。”

刘备说：“您有两个儿子，为什么不传给他们？”

陶谦说：“他们缺乏治理政事的才能和能力。我死后还希望玄德好好教导他们，但万不可传位于他们。”刘备还要推托，但见陶谦手指胸口，慢慢地咽

印信 我国印信产生于商周时期，起初是商人加盖于货物的封泥上，用来封缄货物以资证明。到了秦代，开始在公文上盖印，用以证明职权，当时主要用在封泥上，用来封缄公文。到了隋唐时期，由于纸张的大量使用，导致印信的功用由抑之于泥，变为钤之于纸。从此，在纸质公文书档案中开始大量正式钤盖印信。

陶谦三让徐州图

刘备议事图

了气。这个时候，刘备就是想推让，也没有适宜的理由了。只好勉强接受了徐州太守的印信。

徐州官民遵照陶谦的遗言，一致拜请刘备接受官印。刘备推辞不了，只好答应暂时管理徐州。

陶谦为了徐州百姓，真心让城，不传给儿子；刘备决心匡扶汉室，但不夺人之美。在当时的历史条件下，他们两人可算是遵行谦恭礼让的两面镜子。

阅读链接

刘备领徐州牧不久，吕布和曹操争夺兖州失败，前来投奔刘备。后来刘备出兵讨伐袁术，吕布乘机夺取了徐州，而刘备又接连受挫于袁术，又回来投奔了吕布。

刘、吕共存徐州，闹翻后刘备投奔曹操。曹操带刘备除掉吕布，留车胄为徐州刺史。不久刘备借出兵讨袁之机突袭了车胄，自为徐州牧。曹操闻讯领兵讨伐刘备，刘备战败，逃往袁绍处，其家属在关羽的保护下前往许昌。

刘备在徐州的历史终此。由此可见三国鼎立之前军事格局的风云变幻。

刘备礼贤而三顾茅庐

刘备不仅在领管徐州时不夺人之美，而且他无论对什么身份的人都给予礼遇，不是刻意为之，而是一种做人原则。他三顾茅庐礼求诸葛亮，更是他诚意待人的典型例证。

刘备屯兵新野时，更加渴望建功立业，因此决心寻求有远见卓识

古代饮酒图

■ 刘备求贤图

的人辅佐自己，以便尽早摆脱势单力孤的困境，扩充自己的实力。

一天，当地的名士司马徽对刘备说："能看清天下大势的，是那些有真才实学的英雄俊杰。我们这里的'卧龙'和'凤雏'就是这样的俊杰。"

刘备忙问："他们都是谁？"

司马徽说："这两人是诸葛亮和庞统。您得到两人当中的一个，就可以成就一番事业了。"

当时诸葛亮就在与新野毗邻的隆中。善于网罗人才的刘备闻知，高兴地说："我急需这样的人才！"并表示哪怕山高路远，行走不便，也非亲自去请他不可。

207年深冬的一天，刘备带着二弟关羽、三弟张飞，到隆中邀请诸葛亮。谁知诸葛亮恰好外出不在

新野 位于河南省西南部，地处豫鄂交界地带，南阳盆地中心，北依宛洛，南接荆襄，西临秦陇，东通宁沪，百里平川，八水竞流，物华天宝，人杰地灵，自古有"南北孔道，中州屏障"之称。东汉末年，刘备驻新野，后来曹操拔新野，刘备奔往江夏。

诸葛亮云游图

家，刘备只好扫兴而归。

当时，27岁的诸葛亮正在襄阳以西的隆中隐居。这位有政治抱负的青年，常把自己比作管仲和乐毅，是难得的一位将才、谋士，自称“卧龙”，立志要干出一番事业来。他虽然躬耕隆中，但却苦读经史，熟知天下兴衰的道理，还潜心钻研兵法，兼备将才。同时，他也时刻注视着现实政治斗争的形势。

刘备回到新野，不断派人到隆中打听诸葛亮何时在家。当打听到诸葛亮外出已经回到家时，刘备当即决定二请诸葛。

这个时候，张飞不以为然地说：“一个平民百姓，派个武士把他叫来就得了，犯不着让大哥你一再去请。”

刘备说：“诸葛亮是当代大贤，怎么能随便派个人去叫他呢？你还是痛痛快快地跟我去吧！”刘备说服了张飞，叫上关羽，三人骑马直奔隆中而去。

这一天，北风呼啸，大雪纷飞，冷得实在令人难以忍受。张飞对着刘备大嚷：“我等何苦找此罪受！不如等天晴再说。”

刘备却说：“贤弟，咱们冒此大风雪，不怕山高路远，去请诸葛亮，不正表明了我们的一片诚意吗？”

三人继续往前赶路。不料，这一次刘备又未见到诸葛亮，只好写了一封信托诸葛亮的弟弟转交，说明来意，并表示择日再访。

二请诸葛亮未果，转年的春天，刘备更衣备马，决定第三次去拜访诸葛亮。但关羽、张飞竭力劝阻。

关羽说：“我们两次相请，都未见到他，想必他徒有虚名，不敢前来相见。”

张飞更是带着轻蔑的口吻说：“我们已仁至义尽，这次只需我一人前往，他如若不来，我就将他绑来见你。”

刘备连忙说道：“三弟不得无礼！如果没有诚意，哪能请到贤人呢？”刘备三人飞马直奔隆中，来到诸葛亮的草庐前。此时诸葛亮正在午睡。刘备唯恐打扰诸葛亮，不顾路途疲劳，屏声敛气地站在门外静候，直至诸葛亮醒来，童子入内禀报，刘备才敢求见。

刘备见了诸葛亮，说道：“久慕先生大名，三次拜访，今日如愿，实是平生之大幸！”

诸葛亮说：“蒙将军不弃，三顾茅庐，真叫我过意不去。亮年幼

三顾茅庐图

不才，恐怕让将军失望。”

在当时，刘备先是叫旁边的人退下，然后才对诸葛亮说：“现在汉室瓦解，群雄混乱，奸臣专权，主上蒙尘。我不度德量才，想伸张大义于天下，完成统一大业，振兴汉室。由于智术短浅，屡遭失败，至今一无所成。不过，我的壮志并未因此减退，仍然想干一番事业。望先生多多指教。”

刘备谦虚的态度，诚恳的情意，使诸葛亮很受感动。于是，诸葛亮便将天下形势向刘备做了一番精辟的分析，为刘备筹划了实现统一的战略和策略，勾画了“三足鼎立”的蓝图。这就是名垂千古的《隆中对》。

诸葛亮在论述了目前形势后认为，荆州北靠汉水、沔水，直至南海的物资都能得到，东面和吴郡、会稽郡相连，西边和巴郡、蜀郡相通，这是大家都很想争夺的地方。他还分析了益州的形势，认为益州地势险要，有广阔肥沃的土地，自然条件优越，物产丰富，汉高祖刘邦就是凭借益州建立了帝业。

接着，诸葛亮提出自己的看法："将军既是皇室的后代，而且声望很高，名闻天下，广泛地罗致英雄，思慕贤才，如饥似渴，如果能占据荆、益两州，守住险要的地方，和西边的各个民族和好，又安抚南边的少数民族，对外联合孙权，对内革新政治。

"一旦天下形势发生了变化，就派一员上将率领荆州的军队直指中原一带，将军您亲自率领益州的军队到秦川出击，老百姓谁敢不用竹篮盛着饭食，用壶装着酒来欢迎将军您呢？如果真能这样做，那么称霸的事业就可以成功，汉室天下就可以复兴了。"

刘备说："好！"从此，刘备与诸葛亮的关系一天天亲密起来。用刘备自己的话说，"我有了孔明，就像鱼得到水一样。"

为了完成"兴复汉室，还于旧都"，统一天下的大业，诸葛亮怀着统一全国的政治抱负，离开了隆中

《隆中对》是东汉末年诸葛亮与刘备在隆中卧龙岗家中的谈话内容。在《隆中对》中，诸葛亮为刘备分析了天下形势，提出先取荆州为家，再取益州成鼎足之势，继而图取中原的战略构想。刘备的种种攻略皆基于此。

《隆中对》场景图

《隆中对》场景图

茅庐，出任刘备的军师。他忠心耿耿地辅佐刘备，为“三国鼎立”局面的确立做出了巨大贡献。

刘备认为诸葛亮是他所寻找的最理想的辅弼人才，就恳切地请他出来帮助自己。诸葛亮为他诚挚的态度所打动，决心辅佐刘备创建大业，实现安国济民之志，就毅然随刘备来到新野，共商军机大事。

刘备为求贤才诸葛亮，三次亲顾茅庐，求得大贤，成就大事。“三顾茅庐”也成为千古佳话。

阅读链接

诸葛亮于181年出生在琅琊郡阳都县的一个官吏之家，其父亲诸葛圭东汉末年做过泰山郡丞。诸葛亮3岁母亲病逝，8岁丧父，与弟弟诸葛均一起，跟随叔父诸葛玄到豫章赴任。东汉时期朝廷派朱皓取代了诸葛玄职务，诸葛玄就去投奔荆州刘表。

197年，诸葛亮的叔父诸葛玄病逝，诸葛亮此时已16岁，平日好念《梁父吟》，又常以管仲、乐毅比拟自己。当时的人对他都是不屑一顾，只有好友徐庶、崔州平等相信他的才干，人称他为“卧龙”。

谦和为怀

唐宋时期，是我国封建社会政治经济高度发展，文化艺术繁荣昌盛的时代，也是我国传统礼仪文化发展过程中的里程碑。

唐代礼仪具有道德性特征，并体现在社会的各个方面，显示出大唐盛世儒雅的风范。如柳公权极尽尊师之道，君臣之礼，成为唐代的礼仪典范。宋代礼仪多在政府的引导下实施礼教，以至于成为宋代进行行政管理的有效工具之一。宋代劝德行礼，影响了欧阳修、范仲淹、苏东坡等一大批人，他们都是那个时代礼仪文化的标杆人物。

柳公权尊礼而传美名

唐代礼仪文化在继承传统的基础上，还有一定程度的创新，并使之贯穿于社会生活的各个领域。比如师生之间仍以“尊师”为核心，君臣之间君尊臣卑的纲常得以强化等。在这些方面，柳公权可谓重礼尊礼的代表，体现了唐代礼仪的道德性。

柳公权画像

柳公权是唐代著名的书法家，“柳体”的创立者。官至太子少师，世称“柳少师”。他曾经以弟子之礼拜师，以臣子之礼劝谏皇帝。这中间的故事，一直被后世传为佳话。

柳公权小的时候，由于他特别喜欢写字，到了十四五岁便能写出一手好字，经常受到老师的表扬。日子久了，他心里美滋滋的，不知不觉就骄傲起来，以为天下“唯我独尊”了。

这一天，柳公权和几个伙伴们玩耍，玩什么好呢？这个说捉迷藏，那个说摔跤。柳公权说：“不行不行，咱们还是比比谁的字写得好吧！”

于是，大家便在大树下摆了一张方桌，一场“笔会”就这样开始了。柳公权书法底子好，很快写完了一篇，心想：“我肯定是第一了，谁能比得过？”心里这样想着，脸上也显露出扬扬得意的神情。

柳公权《神策军碑书》

这时，一个卖豆腐脑儿的老头放下担子，来到桑树下歇凉。他很有兴致地看孩子们练字，柳公权递过自己写的说：“老爷爷，你看我写得棒不棒？”

老头接过去一看，只见纸上写的是“会写飞凤家，敢在人前夸”。老头觉得这孩子太骄傲了，皱了皱眉头，沉吟了一会儿，说道：“我看这字写得并不好，值不得在人前夸。这字好像我担子里的豆腐脑儿一样，软塌塌的，没筋没骨，有形无体，还值得在人前夸吗？”

几个小伙伴都停住笔，仔细听老人的品评。柳公权见老头把自己的字说得一塌糊涂，不服气地说：“人家都说我的字写得好，你偏说不好，有本事你写几个字让我看看！”

柳体 是唐代后期著名的书法大家柳公权所创书体。他的书法，初学王羲之，又遍阅各家笔法，得力于颜真卿、欧阳询，骨力遒健，结构劲紧，兼颜欧之法而别开生面，自成一体，世称“柳体”，与颜真卿并称“颜柳”，有“颜筋柳骨”的说法。

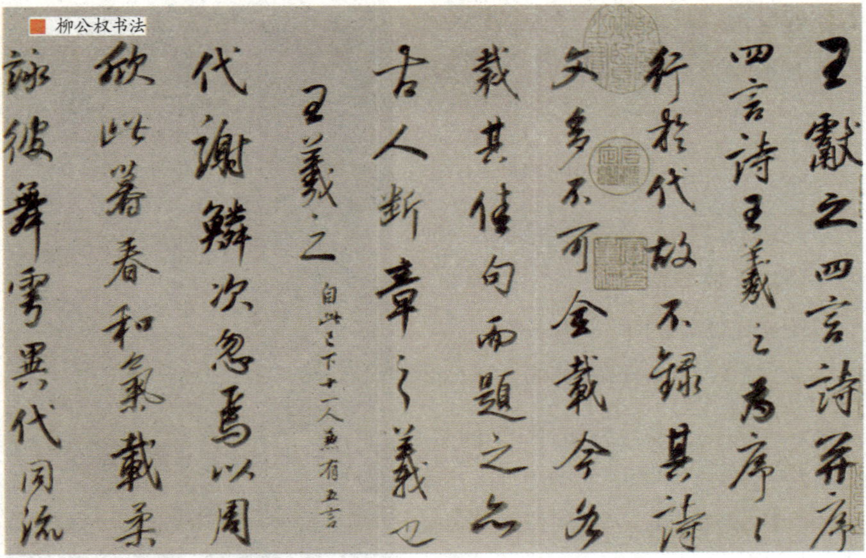

柳公权书法

老头爽朗地笑了笑，说：“不敢当，不敢当！我老汉是一个粗人，写不好字。可是，人家有人用脚都写得比你好得多呢！不信，你到京城里看看去吧！”

柳公权起初很生气，以为老头在骂他。后来想到老头和蔼的面容，爽朗的笑声，又不大像骂他，就决定到京城里去看看。

京城离柳公权所在的柳家塬有20多千米路。第二天，柳公权起了个大早，悄悄给家里人留了张纸条，背着馍布袋就独自往京城去了。柳公权进了京城，打听路人那个用脚写字的人在什么地方。路人告诉他那人在北街，柳公权按照地址找去。

柳公权来到北街，见一棵大槐树下挂着个白布幌子，上写“字画汤”3个大字，字体苍劲有力，笔法雄健潇洒。树下围了许多人，他挤进人群去看，不禁惊得目瞪口呆。

只见一个黑瘦的畸形老头，没有双臂，赤着双脚坐在地上，左脚压住铺在地上的纸，右脚夹起一支大笔，挥洒自如地在写对联。他运笔如神，笔下的字迹似群马奔腾，又如龙飞凤舞，博得围观看客们阵阵喝彩。

柳公权这才知道卖豆腐的老汉没有说假话，他惭愧极了，心想，和“字画汤”比起来，自己真是差得太远了！他“扑通”一声跪在“字画汤”面前，诚恳地说：“我叫柳公权，我愿拜你为师，请您收下我吧，我愿师傅告诉我写字的秘诀。”

“字画汤”慌忙放下脚中的笔，用脚拉起柳公权说：“我是个孤苦的畸形人，生来没手，干不成活，只得靠脚巧混生活。虽能写几个歪字，怎配为人师表？”

柳公权跪在地上，一再苦苦哀求。围观的人见状都说：“收下这个孩子吧，你看他多么真心实意呀！”

“字画汤”没再说什么，只是在地上又铺开一张纸，用右脚提起笔，写道：“写尽八缸水，砚染涝池黑；博取百家长，始得龙凤飞。”写完，让柳公权收起来。

柳公权是个聪明人，早已领略了这诗中的寓意，他不但懂得了写字必须勤写苦练，虚心学习，更懂得了做人亦不能恃才傲物，否则将一事无成。

他把老人写在纸上的话牢牢铭记在心里，再一次拜倒在地，感激

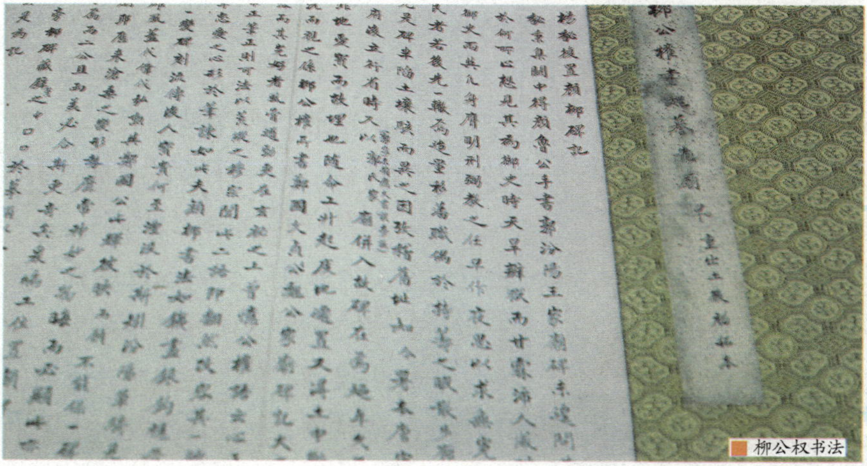

柳公权书法

地说："谢谢您！谢谢您！"然后，小心翼翼地把那张纸收好，向老人深深地揖了又揖。

老人见柳公权颇懂礼貌，说道："这几个字是我写字的秘诀。我自小用脚写字，风风雨雨已练了50多个年头了。我家有个能盛8担水的大缸，我磨墨练字用尽了8缸水。我家墙外有个半亩地大的涝池，每天写完字就在池里洗砚，池水都乌黑了。可是，我的字练得还差得远呢！"

柳公权揖着手说道："您放心，我一定像您那样，刻苦练字！"

老人微笑着点点头。围观的人有的说："这孩子将来一定有出息！"柳公权依依不舍地回去了。

自此，柳公权发奋练字，手上磨起了厚厚的茧子，衣服补了一层又一层，但从未停止过每日练字。"字画汤"刻苦习字的精神一直激励着他。

在练字过程中，柳公权学习了颜体的清劲丰肥，学习了欧体的开朗方润，学习了"字画汤"的奔腾豪放，也学习了"宫院体"的娟秀妩媚。

此外，柳公权曾经看人家剥牛剔羊，研究骨架结构，从中得到启示，联想到汉字的间架结构；他还注意观察天上的

颜体 由唐代书法家颜真卿所创，和柳公权合称为"颜柳"，有"颜筋柳骨"的说法。"颜体"一反唐代初期书风，行以篆籀之笔，化瘦硬为丰腴雄浑，结体宽博而气势恢宏，骨力遒劲而气概凛然，这种风格体现了大唐帝国繁盛的风度，同时也是书法美与人格美完美结合的典例。

柳公权雕像

柳公权洗砚池

大雁、水中的游鱼、奔跑的麋鹿、脱缰的骏马，把自然界中各种优美的形态都熔铸到书法艺术里去。

柳公权最后终于练成流传千古的“柳体”。他的字，结构严谨，刚柔相济，疏朗开阔，为书法界所珍视，素有“颜筋柳骨”之美称。

可是，柳公权直至老，对自己的字还很不满意。他晚年隐居在京城南的鹳鹊谷，就是现在的柳沟，专门研习书法，继续勤奋练字。

柳公权不但是一位大书法家，还是一位深谙君臣之礼的人。

有一年，皇帝唐穆宗在一座寺院里，看到了柳公权写的字，心里十分喜爱，很想见一见他，在一起谈论谈论书法。正巧，没过多久，柳公权从自己做官的地方夏州来朝廷办事。唐穆宗听说柳公权来了，就让他来见自己，把他留在朝廷里做了右拾遗。

这一天，唐穆宗和柳公权在一起谈论书法，唐穆宗向柳公权请教说：“你的字写得笔法端正、刚劲有力，可我却写不了那么好，怎样用笔才能把字写好呢？”

听了唐穆宗的问话，柳公权心想，早就听说当今皇上耽于玩乐，

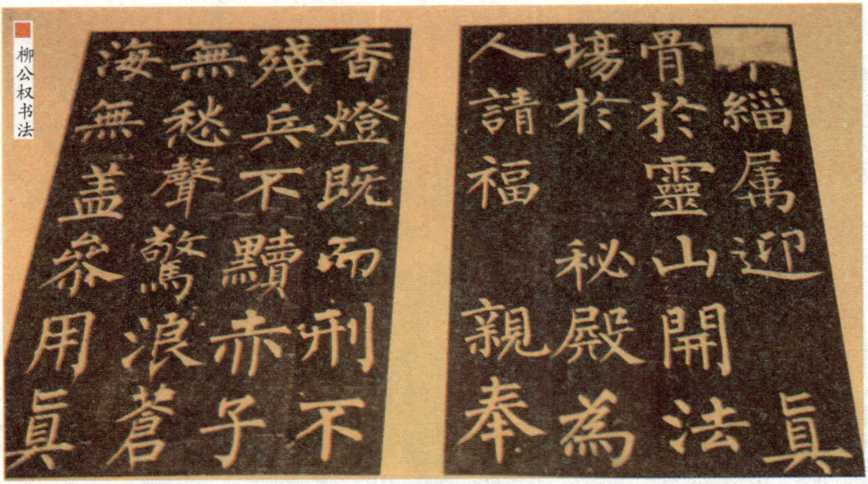

柳公权书法

不愿打理朝政，我何不借这个机会劝劝他呢？

柳公权毕竟是臣子，他知道身为人臣在劝谏帝王时应该怎么做。于是，他委婉地对唐穆宗说：“写字，先要握正笔。用笔的要诀在于心，只有心正了，笔才能正啊！”

听了柳公权的话，唐穆宗知道他是借讲笔法在规劝自己，不由得脸红了起来。

柳公权以特有的方式劝谏皇帝，收到了预期效果，唐穆宗果然有所收敛。柳公权言语委婉含蓄，体现了当时君臣之礼带有上古遗风。

阅读链接

柳公权是唐代书法家，唐穆宗在位期间，柳公权的名气越来越响，书法作品深受人们喜爱，民间更有“柳字一字值千金”的说法。朝廷大臣家的碑刻墓志，如果不是柳公权亲笔书写的，就会被认为子孙不孝顺。就连外国人到唐朝来都带钱购买柳公权的书法作品。

人们求柳公权写字，送给他许多金银财物，因而他家里的钱物常被仆人偷偷使用，可他从不去追查过问，只是他使用的笔砚书籍，一定亲自保管，放在秘密的地方，不让任何人知道。

欧阳修待人讲究尊重

宋代礼仪繁文缛节很多，却也造就了一个温文儒雅的大宋王朝。比如北宋的大文学家欧阳修，他虽是著名学者，但从不高傲，处处谦虚谨慎，待人讲究礼仪，给对方以极大尊重。

有一年，宋代的钱惟演镇守洛阳，建了一座驿舍。驿舍落成之后，一天，钱惟演邀请好友欧阳修、谢希深和尹师鲁三人为驿舍撰写一篇记文。

欧阳修画像

钱惟演没有什么爱好，平生唯独爱好读书，坐着读先秦时期百家著作、史书，躺着则读各种杂记，如厕时候则读小辞，大概从未把书放下。他对好文章从来都是百读不厌，因此也结交了许多文章高手。

欧阳修画像

在钱惟演请的这3个文人当中，当时还顶属欧阳修的才华出众，名气大。但欧阳修认为，谢希深、尹师鲁写文章一定有值得自己借鉴的长处。于是，欧阳修决心抓住这个有利机会，取别人之长来补己之短。

3个文人苦思冥索，终于各成一篇记文。欧阳修拿自己的文章与两位好友的文章进行比较，并与之相互交流。

谢希深的记文写了700字；欧阳修用500字写成；尹师鲁写得更短，全文才380多字，叙事清晰，结构谨严，遣词造句恰到好处。

欧阳修拜读尹师鲁的文章，赞不绝口："写得好，写得好！"他心悦诚服，甘拜下风。

随后，驿舍主人钱惟演赶紧安排3位文章大家就餐。宴席间，几个人纷纷表示，要再次撰写记文，使驿舍更加增色。钱惟演更是万分感谢，对他们的严谨态度钦佩不已。在席间，欧阳修屡屡赞美其他两位的文章各得千秋，是自己学习的榜样。还引用孔子的话说，"三人行，必有吾师"。

吃过饭后，欧阳修又提上一壶好酒，买来几道可口的好菜，来到尹师鲁的住处，诚恳地向尹师鲁讨教。尹师鲁被欧阳修那种虚心好学的精神深深感动，也就打消了种种顾虑，与欧阳修探讨起写文章的技巧来。他诚恳地说："你的文章不错，可就是文字欠简练。"

两位挚友一边饮酒，一边谈论。果然话语投机，竟是滔滔不绝，直至一轮红日东升，欧阳修方尽兴而归。

回到家里，欧阳修便按好友尹师鲁指出的问题，重新撰文。他凝神静想片刻，突然脑中文思泉涌，笔走龙蛇，从谋篇布局到遣词造句，比前文更加主题鲜明、字句凝练。

这一篇文章更完善、精粹，较尹师鲁还少了20个字，真是更上一层楼。但欧阳修还是把重新撰写的文章拿给尹师鲁审阅，以求精益求精。尹师鲁看了欧阳修改过的文章后，赞扬他说："你进步真快，真是一日千里啊！"

最后，钱惟演就用欧阳修的文章作为驿舍的记文。而这座驿舍也因为欧阳修撰文而远近闻名。

欧阳修尊友的美德在许多事情上都有体现。宋仁宗曾经命翰林学士宋祁修撰《新唐书》。宋祁用了10多年时间，刻意求精，把该书的主要部分《列传》编写完了。这时，为了加快速度，皇帝又命欧阳修参加修撰，负责《纪》《志》的编写工作。

书成之后，宋仁宗感到全书体例及行文风格不一，要欧阳修从头润色。欧阳修把《列传》部分认真读过之后，感到写得很好，有独到之处，自己对唐代

翰林学士 古代官名。学士始设于南北朝时期，唐代初期常以名儒学士起草诏令而无名号。唐玄宗时，翰林学士成为皇帝心腹，常常能升为宰相。北宋时期翰林学士承唐代制，仍掌制诰。至明清时期，拜相者一般皆为翰林学士之职。清代以翰林掌院学士为翰林院长官，无单称翰林学士官。

欧阳修书法

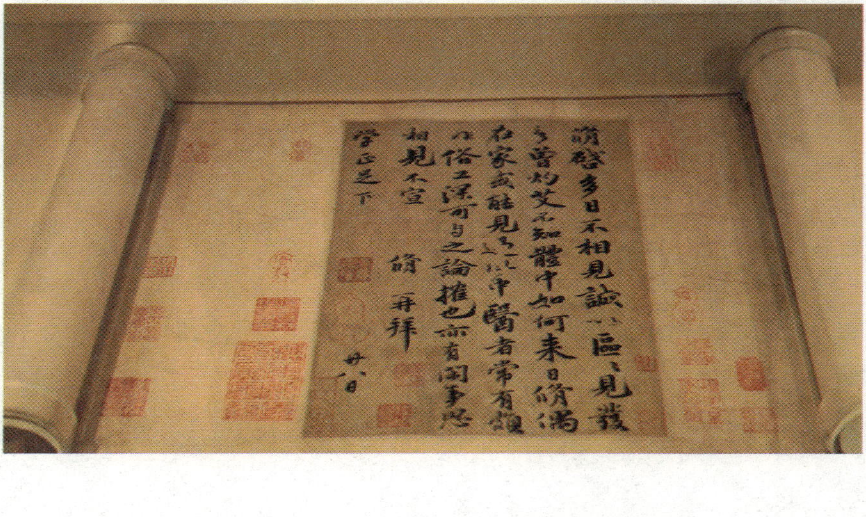

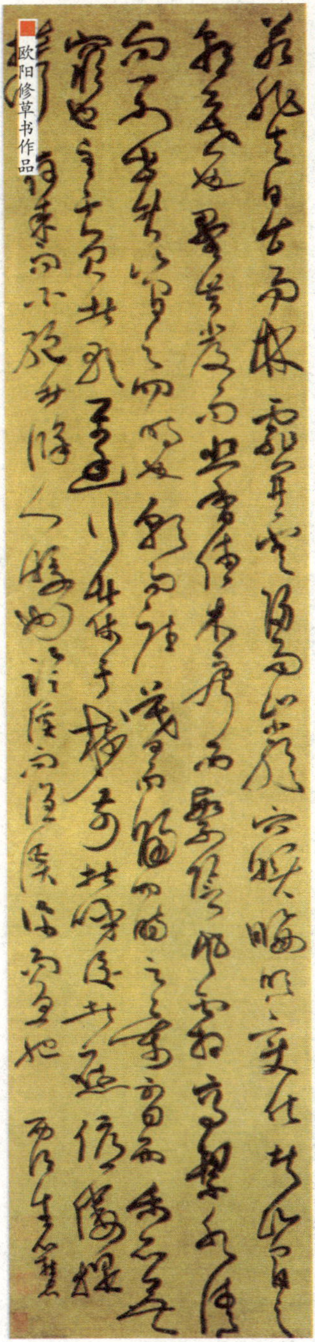
欧阳修草书作品

一些人物的看法与宋祁不同，但不能妄加修改强加于人。于是，他奏明宋仁宗，决定一字不易。

按照北宋时期惯例，史书修成后，不论多少人参加编写，只署官位最高的名字。欧阳修当时是宋代的参知政事，比宋祁的官位大得多，当然该在全部书上署他的名字了。

但欧阳修觉得自己只参加了一部分工作，书的大部分是由宋祁写的，便只在《纪》《传》两部分署了自己的名字。他打破了惯例，不署全名，表现了尊重对方，以礼谦让的美德，深受人们的称赞。

有一次，欧阳修得到一幅古画，画的是一丛牡丹花，花下卧着一只小猫。他觉得这画很好看，就挂在了客厅里。这时欧阳修已经名气很大，而且孩子也长大了。他又与当朝丞相吴正肃成了亲家，在社会交往中成为了名流人物。

一天，吴正肃来欧阳修家做客，欧阳修便在客厅里作陪。吴正肃看到欧阳修家客厅中的这幅古画，连连夸赞画得好。欧阳修自以为应该谦虚一下，便说："还过得去吧，也不见得十分精彩。"

"怎么不精彩？"吴正肃认真起来。

欧阳修信口说："你看，这花的颜色并不水灵，如果画露珠儿上去，岂不更好？"

吴正肃立刻站起身，走上前去，指着画说："老弟，你错了！这里画的是正午牡丹，怎么可以有露珠呢？你瞧，花瓣是张开的，花的颜色有些发干，正是阳光照射的结果。还有，你注意到这只小猫了吗？"

欧阳修对亲家前面说的话已经佩服了，又听他说到了画中的猫，就急切地问："猫？这又有什么说道呢？"

吴正肃分析说："你看，如果是早晨的牡丹，应是花苞未开，伴有露水，而且猫眼的瞳孔是圆的。而现在，猫眼的瞳孔眯成一条线，完全是正午的特征。"

欧阳修连连称是，暗想：我虽然得了此画，却不晓得其中奥妙，真是个门外汉！他叹了一口气，对吴正肃说："看来我们这些舞文弄墨的人，真需要好好地向生活学习呀！否则，尽管文章写得多，也不会有生命力的。我真应该先向你学习了！"

欧阳修到了晚年，已经名噪天下，但他仍把以前所写的文章反复斟酌，逐字逐句地修改。欧阳修的妻子劝他说："何必自讨苦吃呢？你这么大年纪了，难道还怕先生责怪吗？"

欧阳修笑着解释说："如今不是怕先生责怪，而是怕后生笑话。"

阅读链接

宋代初期，在暂时承平的社会环境里，浮华文风充斥文坛，并无社会意义。为了革除流弊，欧阳修等大力提倡古文。

他在文学观点上师承韩愈，主张明道致用。他强调道对文的决定作用，以"道"为内容，为本质，以"文"为形式，为工具。文章内容要真实，语言要有文采，做到内容和形式的统一。又鼓励考生写作质朴晓畅的古文，凡内容空洞，华而不实，概在摒黜之列。与此同时，他又提拔、培养了王安石、曾巩、苏轼、苏辙等一代新作家。

杨时恭立雪地敬恩师

礼仪是律己、敬人的一种行为规范，是表现对他人尊重和理解的过程和手段。宋代的杨时为了求学，在大雪纷飞的天气立于老师门外等待求教，可谓以礼敬人的典范。

那是在北宋时期，福建将东县有个叫杨时的进士，他特别喜好钻

二程故里

研学问，到处寻师访友。

杨时小时候就很聪颖，显得与众不同，善写文章，读起书来又很用功。4岁入学，7岁就能写诗，8岁就能作赋，人称“神童”，15岁时攻读经史。杨时常对人家说：“学习对于我像吃饭一样，是我内心的需要，所以在任何时候我都不放松学习。”

立雪亭

杨时还认为，学习不仅需要有决心，而且必须有崇高的目标。他说：“学习和射箭一样，必须先有目标，然后才可放射，善于学习的人，也一定先有自己的目标，然后才能订出学习计划，循序渐进。糊里糊涂是学不好的。”

杨时自己就是按照这一办法进行学习的。他年纪不大就能写一手好文章，后来又专心钻研经史，不久考中了进士。当时的理学大家程颢、程颐兄弟讲学很有名，四面八方的人都来向他们求教。杨时也弃官不做，到程颢处登门求教。

进士 科举制度是历史上的考试选拔官员的一种基本制度。在古代科举制度中，通过最后一级考试者，称为“进士”。是古代科举殿试及第者之称。意为可以进授爵位之人。隋炀帝大业年间始置进士科目。唐代也设此科，凡应试者谓之举进士，中试者皆称进士。

杨时虚心好学，进步很快，当他南行回家，程颢目送他感慨地说：“我的思想从此往南去了。”表达了对杨时怀念之情。后来程颢去世了，杨时很悲痛。

有一年，杨时赴浏阳县令途中，不辞劳苦，绕道洛阳，拜程颐做老师，以求学问上进一步深造。

这时的杨时已经是40岁的人了，对理学已有相当造诣，但他仍然谦虚谨慎，不骄不躁，勤奋好学。

一天中午，杨时在学习上碰到了疑难问题，便和同学游酢一起去请教老师程颐。走到程老师家门口，杨时刚想敲门，忽然听见程老师打鼾的声音，就悄悄地对游酢说："程老师正在午睡，咱们在这儿等一会儿吧！"

他们就站在门口，默默地背书，静静地等待着。

就在杨时等老师的时候，天上下起了鹅毛大雪，而且越来越大，天地间一片茫茫，时间不长，地面上就积出厚厚的一层雪。只见远山如玉簇，树林如银妆，房屋也披上了洁白的素装。

杨时、游酢马上成了两个雪人，形如雪雕一般。游酢建议回去，但杨时坚决不同意。杨时一只脚冻僵了，冷得发抖，但依然恭敬侍立。

过了很久，程老师醒来，发现两个学生站在门口的雪地里，就急忙把他们拉进屋里。这时，门外的积雪已经有一尺来厚了。杨时和游酢站过的地方，留下两双深深的脚印。

程颐画像

程老师心疼地说："外边雪这么大，你们为什么不进屋呢？"

杨时望着程老师慈祥的面容，说："老师，您在休息，我们不能惊动您。"

程颐听了，两眼望着门外漫天飞舞的大雪，久久没有说话。从此，更加尽心尽力地教杨时。杨时不负众望，终于学到了老师的全部学问。

后来，杨时学成后回到南方继续潜心研究和传播程氏理学。他为弄清楚张载《西铭》之理，专门写信向程颐请教。

杨时与当时南方著名学者胡安国、邹浩、游复、郑修、李夔等为友。经过一传数传，弟子众多，著名者有王苹、吕本中、张九成等。

由于杨时对程氏理学的传播，在南方形成独家学派龟山学派，在二程理学和朱熹之间起了承前启后的作用。被时人称为“龟山先生”。龟山是杨时的号。

理学宗师贡像

龟山学派反对王安石的新学，注重《六经》等儒家经典，推崇《大学》和《中庸》，认为《大学》是学者入门之书，《中庸》为圣学之渊源。

杨时的学说到朱熹时，被发展为与“濂学”“洛学”“关学”并称的“闽学”。因此，杨时被尊为“闽学鼻祖”。

杨时的年寿很高，活到83岁。他的政治地位与学术地位都相当高，因此其学术思想在当时产生了很大影响，《宋史·道学传》记载：

东南学者唯杨时为程氏正宗。

南宋时期“东南三贤”的朱熹、吕祖谦、张栻，与龟山学派都有师承关系，其中尤以从罗从彦、李侗到朱熹一系为最有影响。杨时的龟山学派也就成为从

龟山学派 又称“道南学派”，是由北宋末期至南宋初期的杨时所创立的理学学派。杨时是“二程”的著名弟子。该派反对王安石新学，以发扬光大洛学为己任，主张为仁由己，坚持反身自省。龟山学派是从二程到朱熹“理学”之最重要的中间环节。

大程书院讲堂

二程到朱熹理学之重要环节。

位于现在的河南扶沟县城内书院街的大程书院内，有一座讲堂，中间塑有程颢的坐像，再现了他接人待物“春风满面”的历史旧幕。

据史书记载，程颢平时独坐或闭目养神，或思考问题，总是一脸严肃，像雕塑一样。而给学生解答问题或待人接物却满面春风，和蔼可亲。

讲堂东边的一组塑像，只见程颢、程颐端坐师位，杨时、游酢、吕大临、谢良佐这程门四大弟子，都满脸恭敬地站立求教，生动再现了“程门立雪”的典故。

事实上，杨时的理学建树恰恰源于“程门立雪”的精神。而这个故事本身，充分展示了一个学子求学师门，讲究礼仪，尊师重道的优秀品质，在中华礼仪文化中大放异彩。

阅读链接

杨时从程颐那里回到家乡后，他的生活十分俭朴。为了教育儿孙们“俭以养德”，他特立下家规：“三餐饭蔬，不论脆甘酸苦，只要是可以吃的，就不可有所嗜好；衣服鞋帽，不论布料精细，只要合身，就不许挑挑拣拣；所处房屋，尽管简陋，只要还能居住，就应安居乐业，不要羡慕别人雕梁画栋；故山田园，先祖遗留，应该守其世业，不可增营地产，侵犯他人利益。”

杨时晚年在故里仍笔耕不辍，先后写成《三经义辨》《日录辨》《字说辨》等书。

范仲淹处处以礼为重

宋代礼仪文化在范仲淹身上也得到了充分体现。他为人处世以礼为重，为世人所称道。

范仲淹是北宋时期著名的政治家、军事家和文学家。他不仅教育儿子怎样以仁义之心接人待物，更是身体力行，礼待学人，虚心学习。在国家问题上，他更加重礼尊礼，表现了不计个人得失、以国家为重的襟怀。

范仲淹注重礼节，常常对孩子进行如何接人待物的教育。他给儿子取名叫范纯仁，寓意就是希望儿

■范仲淹（989年—1052年），字希文，北宋著名的政治家、思想家、军事家和文学家，世称“范文正公”。宋仁宗亲政后，担任右司谏一职。1043年与富弼、韩琦等人参与“庆历新政”。后因为遭反对，被贬为地方官，辗转于邓州、杭州、青州，晚年知杭州期间，曾经设立义庄。

子长大后能够为别人着想，仁义待人。范纯仁从小知道这是父亲对他的期许，成年后自然而然地常常鼓舞自己，并督促自己这样做。

有一次，范仲淹跟范纯仁说，让他把500斗麦子从京城运到江苏。范纯仁在途中遇到了父亲的老朋友，父亲故友说他家里父母去世了没有钱安葬，还有女儿都还没有嫁出去，生活状况比较窘迫。

范仲淹画像

范纯仁听完了，马上就把500斗麦子卖掉，把这些钱送给这位长辈。结果钱还不够。范纯仁想，帮人要帮到底。所以，他当场把运麦子的船也卖了，最后才凑够了钱。

范纯仁处理完之后，回京城见父亲，报告他在途中的情况。范仲淹得知麦子被卖掉，立刻对儿子说道："为什么不把麦船送给他呢？"

范纯仁听父亲说出这话，心里一阵轻松，回答道："我已经送给他了。"

仅凭这件事，就可知范仲淹的家风已经传给了他的儿子。范纯仁后来做观文殿大学士，常常教育子弟说："如果能用苛求别人的心来要求自己，用宽恕自己的心来宽恕别人，就不怕做不成圣贤！"

在以礼待人问题上，范仲淹自己做得更为极致。有一年，范仲淹在浙江桐庐做官时，因为十分敬仰崇拜严子陵，他特地为严子陵建造了一座祠堂。

大学士 又称"内阁大学士""殿阁大学士"等。唐代置修文馆大学士，宋代沿唐代制，宰相分兼昭文馆、集贤殿大学士，其后又置观文殿、贤政殿大学士，用以优礼前任宰执。明清时期流行的中堂一称，一般是指大学士或首辅大学士。

严子陵是东汉初期人，跟刘秀是同学。刘秀做了皇帝以后，就召严子陵到京城去做谏议大夫，他不肯，隐居在富春山。相传严子陵经常在富春江边上钓鱼，因此祠堂就造在钓鱼台旁。

祠堂 是族人祭祀祖先或先贤的场所。祠堂有多种用途。除了“崇宗祀祖”之用外，各房子孙平时有办理婚、丧、寿、喜等事时，便利用这些宽广的祠堂以作为活动之用。另外，族亲们有时为了商议族内的重要事务，也利用祠堂作为会聚场所。

范仲淹为严子陵写了一篇记文，其中有一首赞颂严子陵的诗，诗中写道：

云山苍苍，江水泱泱；
先生之德，山高水长。

范仲淹写成诗后，就把这首诗拿给至交好友李泰伯看，并让他提出批评意见。李泰伯读后，再三叹服，然而觉得意犹未尽，他站起来说：“先生的诗是一首好诗，先生的文章一旦传出去，必定名闻于天下，我想冒昧地改动一个字，使它白璧无瑕。不知先生意下如何？”

范仲淹塑像

范仲淹已是大名鼎鼎的政治家、军事家和文学家，给这样一个人提意见，李泰伯实在有点儿诚惶诚恐。范仲淹听后，肃然起敬，马上站了起来，拱手说道：“是哪一个字，快请说出来。”

李泰伯说：“‘云山’‘江水’等词句，从内容上说，十分宏伟开阔，博大奔放；从用词上说，极有气派，又与严子陵的居

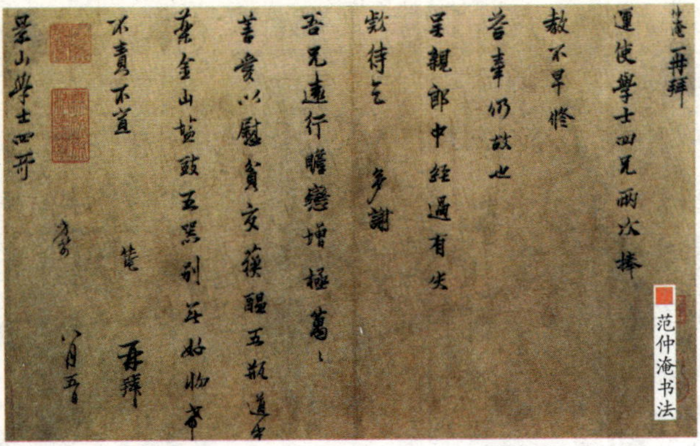
范仲淹书法

住环境吻合，白璧无瑕、韵味无穷，然而下面用一个‘德’字接着它，似乎显得局促狭隘而且浅白了，换个‘风’字您看怎么样啊？”

范仲淹此时似乎屏住了呼吸，聚精会神地听着，听罢频频点头，连声称“妙”，说罢他又低低吟诵一遍：

云山苍苍，江水泱泱；
先生之风，山高水长。

果然味道与“德”字大不相同，改用“风”字既包含了“德”的含义，又有“风传千里”“风流千古”的意味，因此更能反映严子陵的高风亮节，反映出他对严子陵的崇高敬意。

想到这里，范仲淹对李泰伯佩服不已，嘴里说着：“太好了，太好了，真是高见。”说着，就跪下来拜谢李泰伯。

李泰伯一见，慌忙扶起范仲淹，赶紧说：“不必！不必！”

范仲淹虚心听取别人对他的诗文的修改意见，写文章常常字斟句酌，因此才有那样千古传诵的名句：

先天下之忧而忧，后天下之乐而乐。

范仲淹认为，关心国家大事，为天下人解忧，这是一个臣子最应遵循的原则，是尊重国家，尊重人民，是最大的“礼”。

范仲淹自幼丧父，艰难的生活经历使他十分熟悉民生的疾苦，关心国家命运，敢于直言不讳地对朝政得失、民间利弊提出意见。范仲淹在任天章阁待制期间，发现宋仁宗皇帝年已20岁，但朝中各项军政大事，全凭60岁开外的刘太后把持，而且听说这年冬至那天，太后要让仁宗同百官一起，在皇帝办公的前殿给她叩头庆寿。

范仲淹认为，家礼与国礼不能混淆，损害君主尊严的事，应予制止。于是他奏上章疏，批评说：“在内宫事奉亲长，自当有家人礼仪，但在朝廷上天子和百官站在一起，朝南礼拜太后，不可成为后世的礼法。”

后来，范仲淹再上一章，干脆要求刘太后撤帘罢政。朝廷始终保持缄默，却降下诏令，贬范仲淹离京，调任河中府通判。

3年后，范仲淹被恢复天章阁待制职务，担任对付西夏的军事重任，在军旅生涯中屡建功勋。范仲淹内心刚毅，外表谦和，以礼为重，虚怀若谷。他一生坚持进步理想，以天下为己任的高风亮节，体现了中华民族的高尚情操。

阅读链接

范仲淹在邠州做太守时，闲暇的时候带领部属登上城楼准备酒宴。还没有举起酒杯，范仲淹看见几个穿着丧服的人正在筹办装殓之物。

他急忙派人去询问。原来是寄居在外的读书人死在了邠州，将要埋葬在邻近的郊外，下葬时入殓的衣服和棺材都还没有备齐。

范仲淹露出失意的样子，立即撤掉了酒席，给予了他们重金救济，让他们能完成装殓这件事。在座的客人因此而感叹，甚至有的人感动得流下眼泪。

苏轼神交之礼的境界

宋代交友之礼在苏轼与吴复古之间有特殊的体现。他们之间的交往，是一种罕有的交友之道，被传为千古佳话。

吴复古年少有文名，自幼聪颖，行侠仗义，以博学多才、精通经典，被荐举为孝廉，宋神宗年间被封为皇宫教授。他性格奇特，淡泊名利，由于不满官场陋习，毅然弃官，在麻田山中筑庵出家。

吴复古身在世外，很讲究养生存气之道，他所讲的“养生”，乃

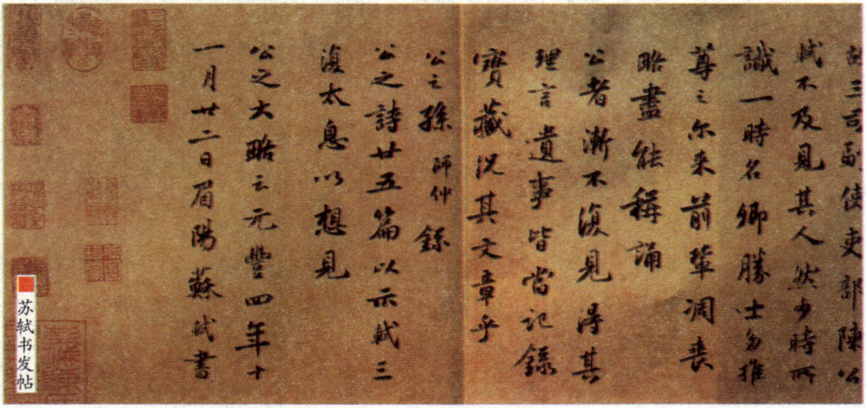

苏轼书发帖

苏轼（1037年—1101年），北宋文学家、书画家。字子瞻，号东坡居士。一生仕途坎坷，学识渊博，天资极高，诗文书画皆精。其文汪洋恣肆，明白畅达，与欧阳修并称欧苏，为“唐宋八大家”之一。与父苏洵、弟苏辙合称“三苏”。其诗题材广阔，清新豪健，善用夸张比喻，独具风格，与黄庭坚并称“苏黄”。词开豪放一派，与辛弃疾并称“苏辛”。 又工书画。有《东坡七集》《东坡易传》《东坡乐府》等。

是儒家的修身养性，所讲的“气”，是孟子之所谓“浩然之气”。他反对道教的一套，主张一切顺应自然，强调自我修养。吴复古出家后，遍游天下名山，广交名士，虽常出入于士大夫之门，但从不阿谀奉承，对人一无所求。当时的名士都十分景仰他，苏轼就是其中之一。

苏轼是宋代著名文学家和艺术家。吴复古的父亲吴宗统曾经与苏轼同在翰林院共事，所以吴复古初遇苏轼便相叙如旧，长期交往，情谊深厚。综观吴复古的一生，最可称道的当推他与苏轼的交谊。

苏轼豁达豪放的性格与超逸的文才，很得吴复古的钦佩，而吴复古刚直脱俗的性格与道德文章，更使苏轼折服。

苏轼在惠州时曾在给复古之子吴芘仲的《答吴秀才书》中说过：“子野一见仆，便谕出世法。”“虽未能行，然喜诵其言，盖尝作《问养生》一篇，为子野出也。”由此可知，两人第一次晤谈，尽在于探研养生之道。

吴复古的“出世法”，既不同于仙家的求长生

孝廉 孝，指孝悌者；廉，清廉之士。孝廉是“孝顺亲长、廉能正直”的意思。是汉武帝时设立的察举考试，以任用官员的一种科目，在东汉时期尤为求仕者必由之途，后往往合为一科。后代，“孝廉”这个称呼，也变成明清时期对举人的雅称。事实上，在运用“举孝廉”的几代王朝中，均是以儒家思想治国。

苏轼画像

不老，也不同于道士的炼丹服药，显见是另一种无为的超脱的精神境界。苏轼当时面对新法弊病，还想有所作为，但十分赞赏吴复古的养生论。

苏轼曾把吴复古告诫他的养生之法素笔抄下，引为座右铭，这就是有名的《问养生》法帖。世传苏轼善养生之法，颇受这位良师益友的影响。

1094年农历八月，苏轼被贬惠州，专程经潮州拜晤吴复古，老友重逢，分外高兴。苏轼欣然命笔，为麻田寺题名“远游庵”，并作《远游庵铭并序》，至今麻田山仍保存有苏轼当年的墨迹。后来，苏轼因为与新党政见不合，再次被贬海南，在琼州期间，曾多次向吴复古表达敬意。

苏轼在黄州的东坡山地种茶，此为他自号“东坡居士”之由来。吴复古不远千里，前去探访。苏轼深受感动，亲自上山采摘露芽汲泉烹茶，款待来自远方的故友。他俩对坐品茶，促膝谈心，通融心灵。好茶也有缘分，投缘的茶友有机会一起品茶，借茶以表达情意，分开了也不相忘。吴复古从黄州返回潮州后，便给苏轼寄赠建茶。

苏轼接到吴复古的礼物，马上复信致谢，在复信结尾连说“惭悚”，感激之情，溢于言表。

吴复古知苏轼爱饮建茶，在择茶上颇费一番苦心。建茶，即产于福建建安的建溪茶。宋代茶品，建安所产，超群绝伦，“独冠天下”。

苏轼有“建溪春色占先魁”的咏赞，称建茶为“瑞草魁”。后人称“宋人最重建州茶”。

吴复古寄赠建茶，属佳绝精品，在福建产地也不易得到。虽数量不多，却是“精茶数品，叶叶关情”！难怪苏轼感到礼物太贵重了，接受时感到“惭悚”，实有惭愧不安之意。

在他们的交往中，有一件事使苏轼很受感动：吴复古曾命其子送过苏轼一些潮州特产。苏轼在儋州时记起此事，就命人选了些海南特产鲜果带给吴复古。

谁知吴复古命来人带回，并复函苏轼：

朋友之交在于神交，只要彼此心心相印，何必搞世俗的那一套呢？这样做，只能给高尚的友谊带上世俗的习气。

法帖 我国书法艺术载体之一。古代书写在纸或丝织品上的文字。宋代出现了汇集历代名家书法墨迹，将其镌刻在石或木板上，然后拓成墨本并装裱成卷或册的刻帖。这种刻帖使得古人的书法得以流传下来，并扩大其影响，又是学习书法的范本，故又称之为“法帖”。

苏轼作品

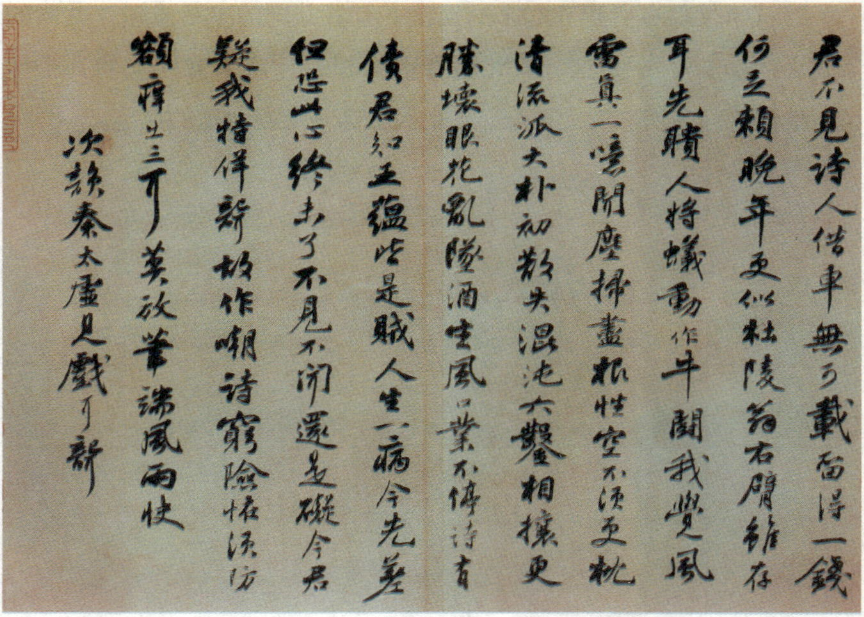

其实，吴复古所反对的世俗，并非从根本上否定“礼尚往来”，而是有学问的人的一种精神交往，因慕名而在不知不觉中把对方当朋友，这就是他所说的“神交”。很显然，这是一种更高层次的“礼”。这样的精神境界，怎能不让苏轼为之感动呢？从此，两人更加频繁地书信往来。

1100年底，苏轼遇赦北归。已经97岁高龄的吴复古，感念老友情长，来到广东清远，执意为苏轼送行。由于这个季节天气寒冷，老迈之人不禁其寒，遂染病不起。第二年不幸病逝于归途。

苏轼在真州惊闻噩耗，万分伤感，饱含深情地写祭文悼念。

吴复古之所以深得苏轼的景仰推崇，交谊深厚，这首先是在于他的旷世情怀感染了苏轼。特别是苏轼在遭受一贬再贬的政治磨难之中，得到了吴复古的道家理念的启示，领悟到其放浪形骸的性格和放逸的生活态度，以至深得顺其自然，积渐而进。这在苏轼患难之中，寻得精神慰藉而泰然处世，的确不无裨益。

苏轼与吴复古所建立起来的交谊，有着共同的生活志趣，共同的文化艺术爱好。正是这种文化精神上的相通，联系着两人的真挚情谊。他们之间高层次的“神交”，已经成为了交友之道的典范。

阅读链接

苏轼与吴复古志同道合，情同手足。名士贤吏成知己，成为当时美谈。鉴于两人肝胆相照，苏东坡为吴复古留下许多熠熠生辉的文字，诸如见于《潮郡志》的《远游庵铭》，《岁寒堂十二石记》，还有《潮州府志》的《与吴秀才书》等。

苏轼是一位多才多艺的学者，对吴复古很是尊重，显见吴复古有其个性、人品、才学、胆识，难怪后人将之列为潮州前七贤之一。

以礼相待

有礼有节

礼仪文明作为我国传统文化的一个重要组成部分，经过西周时期以来几千年的发展和丰富，至明清时期，礼仪所涉及的范围已经十分广泛，几乎渗透到社会生活的各个方面，从帝王到平民，整体体现出彬彬有礼的风貌，彰显了“礼仪之邦”特有的魅力。

明代，朱元璋以礼待人，聚集人才，为明代礼仪建设开了个好头。清代，杨士奇的礼让处世，柳敬亭的谨遵师言，张英宽容处世，杨露禅的千里拜师，都体现了中华民族谦恭礼让、宽厚待人的淳朴古风。

朱元璋以礼求访人才

明代初期朝廷对百姓的礼仪教化倾注了极大的热情，这在朱元璋身上表现是十分突出的。作为一个开国皇帝，朱元璋从一开始就以礼对待人才，以利于社会的和谐和睦，使大明王朝立于更加稳固的基础之上。

朱元璋画像

明太祖朱元璋智谋超群，善于发现人才、使用人才和控制人才，这是他作为领袖人物的特殊本领，也是他建立基业的基础。

朱元璋在起兵之初非常注意搜集吸引人才，一再强调贤才是国家的宝贵财富，认为“贤才不备，不足以为治”。朱元璋军队所到之处都贴出招贤榜，声明“贤人君子，又相从立功者，吾礼用之”。

朱元璋出征图

朱元璋率领义军打下徽州时，他手下的大将邓愈便向他推荐说："大帅您不是一向求访贤士吗？我听说，在徽州一带有一个非常有名的人，叫朱升，他住在休宁这个地方。此人饱览经书，非常有才气。大帅何不访求他一次呢？"

朱元璋听后非常高兴，立刻就带着邓愈等人前去探访朱升。通过邓愈的带路，一行人很快就来到了朱升的住处。

朱元璋下马亲自去轻叩柴门，不久，一位老人走了出来。朱元璋马上抱拳恭敬地问道："请问，先生莫不是休宁名士朱升？"

老人打量了朱元璋一番，见他气度不凡，戎装佩剑，身边还有兵士，料定他可能是红巾军的将领，便回答道："老朽正是朱升，不知将军尊姓大名？"

邓愈在一旁说："这是攻克徽州的红巾军主帅朱元璋。"

朱元璋马上接道："我本来是个平民，可是当权者欺压百姓，这才举起义旗的。听说先生是有名的学士，今日特来拜访，并叩问大计。"

朱升听说站在前面的竟然是赫赫有名的朱元璋，不禁大为感动，连忙把朱元璋一行引进屋内。

从衣食住行、风土人情和国家大事的谈话中，朱元璋发现朱升谈吐不凡，对问题的分析入木三分，而朱升也觉得朱元璋平易近人，胸有大志，颇有将帅气度，不由得感到相见恨晚。

朱元璋问道：“以朱老先生之见，当今天下之势，我该如何行事才好？”

通过谈话，朱升已经揣度出来，朱元璋有平定天下的雄心壮志，便沉思片刻答道：“以老朽之见，大帅想成大业，要遵循3句话，这就是‘高筑墙、广积粮、缓称王’。记此3条，元帅可成大业。”朱升的意思是说，第一要巩固后方扎好根基；第二要发展生产增强财力；第三要缩小目标等待时机。

朱元璋听了，连声赞谢说：“先生立言警策，重如泰山！操练兵马，积蓄实力，奖励农耕，积有食粮，讳露锋芒，勿早树敌！先生见识宏远！”

朱元璋回去之后，把“高筑墙、广积粮、缓称

鱼鳞图册 是旧时为征派赋役和保护封建土地所有权而编制的土地登记簿册。册中将田地山塘挨次排列、丘段连缀地绘制在一起，标明所有人。因其形似鱼鳞而被称为“鱼鳞图册”。也称为“鱼鳞册”“鱼鳞图”“鱼鳞图籍”“鱼鳞簿”。鱼鳞图册对于我国土地制度史等领域的研究有着重要的价值和意义。

朱元璋礼贤图

王”这三句话作为建立基业的基本方略。他推行屯田，奖励垦荒、兴修水利，振兴农业；清丈土地，建“鱼鳞图册”，防止豪强兼并，建立起坚实的政治基础和经济实力，获得了民心民意。

■朱元璋与刘基

后来朱元璋做了明王朝的开国皇帝，他不忘朱升的功劳，请他去朝中做臣。因为朱升年老，朱元璋还免去了朱升每天上朝的跪拜礼节，对他关怀备至。

朱元璋在登基之前，还听说浙江有刘基、宋濂、章溢、叶深4位名士，于是，立时派人带着金银财礼和聘书去请。刘基等4人到建康后，朱元璋亲自赐座召见说“我为天下屈四先生”，十分谦恭诚挚。

朱元璋发现这4个人确实才识过人，当即重用：刘基留在身边谋划，宋濂任命为江西一带儒学提举司的提举，章溢、叶深为营田司佥事，4人各显所长，成为明代的开国元勋。

刘基（1300年—1375年），元末明初杰出的军事家、政治家、文学家和思想家，明代开国元勋。刘基通经史、晓天文、精兵法。他辅佐朱元璋完成帝业、开创明代并尽力保持国家的安定，因而驰名天下，被后人比作诸葛武侯。他以神机妙算、运筹帷幄著称于世。

朱元璋广招人才，不但许多名士被招到身边，而且“由布衣登大僚者不可胜数”。因为他本人也是“崛起布衣”，搜罗人才很有成效，武有徐达、常遇春，文有胡惟庸、刘基、宋濂。

为了得到人才，朱元璋宽大为怀，盘算过元代内部的有用人才，千方百计收为己用，宣布“不以前过为过”的政策，大力招纳前朝人士，对为元代朝廷效过力的人概不追查，量才使用。

张昶在元代是重臣，精于典章制度，朱元璋招来任命为行中书省都事，他向人得意地说：“元代送一大批贤人与我，你们可以和他们讨论。”

郭云是元代的武将，忠于元王朝，曾经力抗朱元璋。徐达率领军队扫荡中原时，其他州县望风瓦解，唯有郭云不降。徐达后来抓住郭云，郭云破口斥骂，但求一死。徐达把郭云押到南京，朱元璋赞扬郭云的骨气，立即放了他。

因为郭云是武将，朱元璋觉得让他马上反戈会伤他感情，便命他为溧水知县，不久即提升他为南阳卫之会佥事，仍任武职。

秦云龙是元代江南台侍御史，很有名声，战乱时弃官隐居镇江。朱元璋早留心此人，在徐达率军进攻镇江前就交代说：“镇江有一个叫秦云龙的，才气老成，入城应该替我寻访他。”

徐达访到后，朱元璋立即派侄子朱文正带金子火速聘请，朱元璋亲自出门迎接，称呼先生而不称呼名字，表示了极大的尊敬。

阅读链接

朱元璋以礼待人，聚集人才，并注重让他们发挥各自的才能，都是为了实现他心目中的理想国，他希望江山能长治久安，希望建成一个“光明世界”。他的做法不仅赢得了百姓的拥护，更体现了一个民族礼貌待人的优秀品质。

杨士奇处世谦恭礼让

朱元璋以一代帝王至尊，以礼待人树立了典范。榜样的力量是无穷的。朱元璋的处世风格也深深地影响了明代的许多臣子。在这之中，杨士奇就是最为典型的一例。

杨士奇是明代时历任五代王朝的大臣。他没有经过科举考试取得功名，而是通过自学成才，由一个贫苦的寒儒做到了宰相一级。他寒士拜相与他早年的经历和谦恭礼让的处世风格密切相关。

杨士奇画像

杨士奇年幼时，家庭贫寒，父亲早逝，5岁时随母亲改嫁到罗家。他知道自己的家世后，常常潸然泪下，私下里用土砖作为神主，每日独自焚香跪拜，祭祀先祖。后来继父从户外窥见他的行动，很受感动，准他恢复旧姓杨。

杨士奇9岁时，继父去世，便与母亲回到老家泰和。当时家庭生活虽然十分贫困，但杨士奇一边劳动，一边刻苦读书，勤勉奋进，立志成才。

幼年的杨士奇不懂得悲伤，也没有时间悲伤，因为他还要跟着母亲继续为了生存而奔走。上天还是公平的，他虽然没有给杨士奇幸福的童年，却给了他一个好母亲。

杨士奇的母亲是一个十分有远见的人，即使在四处漂流的时候，她也不忘记做一件事，就是教杨士奇读书。在那遍地烽火的岁月中，她丢弃了很多行李，但始终带着一本《大学》。杨母慈爱善良，知书达理，常常以他的家世和亲朋邻里的传统美德对其进行教育。

母亲的一言一行，杨士奇都一一记录，汇编成一本《慈训》。

杨士奇学习的时候，专心致志，旁若无人，同学逗他玩耍他毫无所动。放学回家的时候，常常挟书独行，思考问题。师长和亲友都称赞他的学习精神。

杨士奇的外祖父博学多才，看杨士奇是个有心计的孩子，十分器重，悉心培养，从严教导，使他小小年纪对《四书》《五经》《左氏传》等著作就能过目成诵，凡属对应句随手拈来。外祖父曾经把江西乡试的题目拿来考他，他对答如流。

有一次，杨士奇和表哥陈孟洁去往沙村拜访刘东方老师。时值冬天，大雪漫天，饮酒正酣，刘东方老师以《雪雾诗》为题，叫他俩赋诗言志。

陈孟洁的诗是："十年勤苦事鸡窗，有志青云白玉堂；会待香风杨柳陌，红楼争看绿衣郎。"

杨士奇的诗是：

飞雪初停酒未消，溪山深处踏琼瑶；
不嫌寒气侵入骨，贪看梅花过野桥。

老师批评陈孟洁的诗低俗，境界不高，十年寒窗，只博得"红楼争看绿衣郎"。而赞扬杨士奇的诗志趣高远，表现了在苦寒中锻炼成长的美好情怀。

在师友亲朋的勉励下，杨士奇更是发奋读书，学业大进。由于他学识渊博，品行和才干出类拔萃，15岁时就应乡里之聘，开馆授徒。此后，他客居武昌等地，游学教书，并著书立说，受到文人方士的赞誉和赏识，汉阳守令王叔英称他为"佐才也"。

杨士奇平日总是宽厚待人，清廉律己。16岁时，向他拜师求学的学生特别多。当时有一个贫穷的读书

乡试 古代科举考试之一。由各地州、府主持考试本地人，一般在8月举行，故又称"秋闱"。明清两代定为3年一次，在各省省城包括京城举行。第一名称"解元"，第二名称为"亚元"，第三、四、五名称为"经魁"，第六名称为"亚魁"。中试的举人原则上即获得了选官的资格。

■ 古籍

明仁宗画像

人，家有老母而无法奉养，但他没有别的谋生之道，家里还有老人要养，实在过不下去了。

杨士奇主动找到他，问他有没有读过“四书”，这个人虽然穷点，学问还是有的，便回答说读过。

杨士奇当即表示，自己可以把教的学生分一半给他，并将教书的报酬也分一半给他。

他的这位朋友十分感动，因为他知道，杨士奇也有母亲要养，家境也很贫穷，在如此的情况下，竟然还能这样仗义，实在太不简单。

少了一半收入的杨士奇回家将这件事情告诉了母亲，他本以为母亲会不高兴，毕竟本来已经很穷困的家也实在经不起这样的折腾，但出乎他意料的是，母亲却十分高兴地对他说：“你能够这样做，不枉我养育你成人啊！”

杨士奇17岁时，姑母全家患疫疾，亲戚邻居不敢

四书 是《四书集注朱熹集注》这部书之简称。书中内容包括《大学》《中庸》《论语》《孟子》及朱熹之注解文字。“四书”的作者是孔子、子思、孟子、程子、朱熹等，编撰时间达1800年。

接近，而杨士奇每日都去照料，洒扫庭户，煮汤熬药，精心护理，直至全家康复。

杨士奇21岁在章贡琴江书院教书时，与当地县令邵子镜友谊甚笃。有一个商人路过琴江，关吏搜到携带的伪钞，邵子镜怀疑是商人一手伪造，要对其施刑，商人不服。

杨士奇知道这事后，觉得证据不确凿，建议免刑，邵子镜采纳了他的建议。商人感谢不已，以50两银子相送，杨士奇拒不收受。

杨士奇进入官场后，更是对人待物豁达大度，以大局为重，不记私怨。同僚中谁有过错，常常为之掩盖。

明永乐继位后，杨士奇真正得到了重用，他与解缙等人一起被任命为明代首任内阁成员之一，自此之后，他成为了朱棣的重臣。

当时的广东布政使徐奇把岭南的土特产送给朝廷各大臣，唯独杨士奇没有。永乐帝也为他抱不平，而杨士奇毫不介意，并为徐奇辩解：“究竟接受了没有，我现在记不清楚，况且些许土产，定然没有其他的用意。”

杨士奇故居

杨士奇议政图

自明惠帝以来，杨士奇担任少傅、大学士多年，他在政治、经济上的待遇都已是很可观了。明仁宗即位之后，让杨士奇兼任礼部尚书，不久改兼兵部尚书。

兵部尚书是掌管全国武官选用和兵籍、军械、军令等事务的大官。对此，杨士奇心中却很是不安，向明仁宗要求辞谢，他说："我现任少傅、大学士等职务，已是到了限度了，再任尚书一职，确实有点名不符实，更怕群臣要背后指责。"

明仁宗劝解说："黄淮、金幼孜等人都是身兼三职，并未受人指责。别人是不会指责你的，你就不要推辞了！"

杨士奇见君命难违不能再推，就诚心实意地请求辞掉兵部尚书俸薪。但他又说："兵部尚书的职务可以担任，工作也可以做，但丰厚俸薪不能再接受。"

明仁宗说："你在朝廷任职20余年，我因此特地

少傅 为"三公九卿"中"九卿"之一，由夏代始设，至周代以少师、少傅、少保、冢宰、司徒、宗伯、司马、司寇、司空为九卿，历代多沿置。明代的太师、太傅、太保为三公，都是东宫官职，均负责教习太子。

奖赏你才给予你这种经济待遇的，你就不必推了。”

杨士奇再三解释说：“尚书每日的俸薪可供养60名壮士，我现在已经获得两份俸薪都已觉得过分了，怎么能再加呢？”

这时，身旁的另一名大臣顺势插话劝解说：“你应该辞掉大学士的那份最低的俸薪嘛！”

杨士奇说：“要有心辞掉俸薪，就应该挑最丰厚的相辞，何必图虚名呢？”

明仁宗皇帝见他态度这样坚决，又确实出于真心，终于答应了他的请求。

尚书 战国时期称“掌书”，秦及汉代与尚冠、尚衣、尚食、尚浴、尚席，称“六尚”，成为实际上的朝廷决策机关。尚书责成卫尉废除弊端，这在当时已经是有实权的职务了。隋代以后尚书为六部长官。尚书在隋唐时期正三品，在明代正二品。

杨士奇平生乐简静，闲暇时闭门读书。居官奉职甚谨，在家里绝不谈公事，朝廷的事就是至亲的人也不让他们知道。

杨士奇在京城为相几十年，妻子却在家乡躬勤家业，以耕作为务。妻子去世后，他十分悲痛，因公务在身未能回去亲自为亡妻举葬，只买一块石板刻上碑文寄回。他61岁时，明仁宗皇帝准备派人去他家乡盖造公宅，并要赐田200亩，杨士奇都婉言谢绝了。

在朝廷中，还有一位同杨士奇一样受到历代皇帝喜爱的大臣叫杨荣。杨荣处事果敢，驻守边防曾屡建功勋，对

明代官银锭

于守边的将领的才德也了如指掌。守边的将领们每年都选用好马馈送于他，当时已经即位的明宣宗对此也心中有数。

有一次，明宣宗故意向杨士奇问及杨荣的为人，杨士奇不假思索地直说："杨荣通晓守边军务，我不如他。他虽然接受一点边将的馈赠，这只是白玉之瑕，希望皇上不必介意。"

明宣宗说："杨荣曾经在背后数落你的缺点，你怎么反倒为他的过失辩解呢？"

杨士奇说："人人都有不足之处，看人要看正面，不能存有偏见。所以，我希望皇上要像容忍我的过失那样去宽容杨荣。"

明宣宗听后，频频点头，深感杨士奇胸怀之宽广。这件事，后来被杨荣知道了，他深受感动，对于杨士奇的坦荡为人更为敬佩。

1431年农历七月十五晚上，明宣宗亲临杨士奇住所，看他的居室很破旧，说要为他修理，杨士奇也推辞掉了。随后，明宣宗把东华门外的一座庭院赐予他，他却分出一半与别人同住。

杨士奇之所以能历任明五代王朝的大臣，诀窍只有一个，那就是他为人谦恭礼让，不贪不占，该放弃的坚决放弃，这在封建官场中是难能可贵的。

阅读链接

杨士奇与杨荣、杨溥并称为"三杨"，他们在任辅臣期间，安定边防，整顿吏治，发展经济，使明王朝的国力继续沿着鼎盛的轨道发展，并使明代阁臣的地位得到空前提高，由原来的皇帝办事员转变为具有丞相性质的辅臣，他们因此被史家视为名臣。

明代著名学者焦竑《玉堂丛语》记载：正统年间，杨士奇为西杨，杨荣为东杨，杨溥为南杨。西杨有相才，东杨有相业，南杨有相度。"故论我朝贤相，必曰三杨"。可见他们在明代的影响。

柳敬亭谦恭尊师言

古代数千年来所教化倡导的礼仪之风，也在市井百姓中多有体现。比如明清时期的柳敬亭，尊师重师，把恩师之言当作自己行动的指南，足可见古朴世风的感化作用。

柳敬亭是明末清初的说书艺人，他原来叫曹永昌，家住江苏泰州曹家庄。由于他好打抱不平，得罪了地方上的恶势力，流浪到外乡。

有一天，他睡在一棵大柳树下，醒来后抓着拂在身上的垂柳枝条，联想到自己的不幸遭遇，就改为姓柳了。他又默然地背诵起南齐谢

■柳敬亭（1587年—1670年），祖籍南通余西场，生于泰州。原姓曹，名永昌，字葵宇。明末清初著名评话艺术家。柳敬亭常说的书目，多为长篇中的选段。所据选取之长篇，大致有《水浒》《隋唐》《西汉》。柳敬亭的遗作，有说书底本《柳下说书》8册100篇。

方言 是语言的变体。根据性质，方言可分地域方言和社会方言，地域方言是语言因地域方面的差别而形成的变体，是语言发展不平衡性而在地域上的反映。社会方言是同一地域的社会成员因为在职业、阶层、年龄、性别、文化教养等方面的社会差异而形成不同的社会变体。

朓《游敬亭山》的诗，觉得“敬亭”两字可取，便以“敬亭”为名了。

有一次，柳敬亭流浪在江南水乡一个小镇上，看到茶馆酒楼上经常有人说书，便经常去听书，听了后便记在心里。加上自己从小读了不少历史小说，听了不少民间故事，所以也想靠说书来维持生活。

由于不知道说书的方法和技巧，也找不到合适的老师可以求教，柳敬亭只能自己摸索着瞎练一通，效果很不理想，为此也很苦恼。

柳敬亭在流浪过程中，偶然听到一位高水平的艺人说书，听后佩服得五体投地。这位说书艺人叫莫后光，柳敬亭诚恳地要求拜他为师。莫后光看到这个青年人诚实可爱，说书也有一定的基础，就举行了拜师礼，做了柳敬亭的师傅。

莫后光首先把说书艺术的基本原理和方法讲给柳敬亭，他说：“说书虽然是一种小技艺，也同学习其他技艺一样，非下苦功夫不行。首先要熟悉各阶层的

柳敬亭拜师雕刻

柳敬亭画像

生活和各地的方言、风俗、习惯，然后把观察和收集到的材料，经过反复分析，找到它们的因果关系、发展过程。还要学会对掌握的材料加以剪裁取舍，能够把有用的材料组织得恰到好处。”

柳敬亭听了老师的教导后，牢牢地记在心头，决心按照老师要求去做。他白天到处游街串巷，仔细地观察社会上各种现象，对方言俚语特别注意。晚上回家以后，闭上眼睛细细琢磨白天看到的事情，并把它加工、提炼，融化到故事中去，并认真地记在纸上。

柳敬亭这样学习了几个月后，有些关键点还是不能很好地把握，便去找老师莫后光指点。莫后光让柳敬亭说了一段书后，然后指出：“现在你虽然能讲出故事，但还没能引人入胜。重要的是时时刻刻要想到怎样把故事说得好，说得动听。”

接着，莫后光告诉柳敬亭说：“有时，故事中的情节要从从容容直叙，一路走来，直达胜境；有时，要简洁明快开门见山，一目了然；有时，要增加一些

俚语 也称为“里语”“俚言”，指民间非正式、较口语的词句。是百姓在日常生活中总结出来的，通俗易懂顺口的，具有地方色彩的词语。其地域性强，较生活化。俚语是一种非正式的语言，通常用在非正式的场合。有时俚语也用来表达新鲜的事物，或对旧事物赋以新的说法。

伏笔或悬念，让听众想听个究竟，舍不得离去。总之，在故事的轻重缓急之间，安排得贴切妥当，件件事交代要有头有尾，扣人心弦。”

柳敬亭听了以后，继续苦心钻研。他经常深入到人们中去和各种人交朋友。在交往中他发现，有许多上了年纪的人说起话来很吸引人，而声音又随故事情节跌宕起伏而抑扬顿挫，感染力很强，尤其是说话时那种胸有成竹的神态，很值得学习。他每天都细心观察、模仿，颇有收益。

过了几个月，柳敬亭又去请教老师。老师听了他说的一段书后，说：“你现在进步已经不小了，听的人能聚精会神，但还要精益求精。”老师接着说：“说书的人要和故事中的人物打成一片，这样才能在动作、语言、神态上无不惟妙惟肖，活灵活现，使自己成了故事中的人物；才能吸引听众进入故事所表现的境界，连他们也忘了自己，忘了是在听书。这才是说书艺术最理想的境界。”

柳敬亭听了老师这番话，信心更足了，学习也更刻苦了。于是他进一步深入生活，熟悉人们的感情、爱好。他还常常说书给人们听让大家评论，晚上再重新练习一遍，把大家的意见尽量采纳进去。

这样又过了几个月，柳敬亭又去找老师。老师这次听了他说的书后，高兴得连翘大拇指说：“你现在已学到家了。还没张口，你已制造了故事中的气氛，等说起来时，听众的情绪就能够不由自主地跟着故事中的人物共鸣起来了。”老师拍着他的肩膀说，“你进步真快啊！真快啊！”

1662年，柳敬亭从淮南随清漕运总督蔡士英北上至北京，演出于各王府之间，和官僚政客接触频繁，而且有了相当的影响。

柳敬亭说的书目，虽取之于现成的小说话本，但并不照本宣科，而是在表演时对原文有很大发挥，形成自己的特色。同时，他以说表细腻见长，改原作内容，从说书艺术的特点出发有增有删。

在语言运用上，柳敬亭不满足于平铺直叙，而是以轻重缓急制造气氛，以形象化的手法描人状物。他还善于在书词中补充社会生活，把自己的经历、见闻、爱憎融于书中。柳敬亭在说书中形成的这些特点，一直为后世评话艺人所仿效。

柳敬亭走遍了大江南北，到处受到人们的热烈欢迎。在豪华大厅的盛大集会之上，在悠闲亭榭的独坐之中，人们争着请柳敬亭表演他的技艺，没有不从内心感到满足的。

柳敬亭虚心求教，谨遵师言，勤于总结，努力实践，终于成为一个有名的评话艺术家。

阅读链接

柳敬亭是明末清初一位颇有盛名的大说书家，当时不少文人的诗文中提到过他。和柳敬亭同时代的著名文人如吴伟业、黄宗羲等人都给他写过传记。

吴伟业在《梅村集》里写过柳敬亭传，说他为人能辨善恶，替人排难解纷。黄宗羲认为，柳敬亭是微不足道的人物，给他作传是为了给后来学者确立写文章的体式标准。

张英让墙三尺传美名

我国传统礼仪发展至清代，对于社会生活的各个方面，无不做出详尽的规定，而且礼仪中处处体现着尊卑差别。但就是在这种尊卑差别的大背景下，朝廷重臣张英却能不持尊大，以宽容的胸襟处理家中的邻里之争，足见儒家道德文化的

张英（1637年—1708年），字敦复，一字梦敦，号乐圃，又号倦圃翁，桐城人，清朝人物，清代著名大臣张廷玉之父。1699年授文华殿大学士，兼礼部尚书。1701年获准退居乡里，康熙御书"笃素堂"匾额相奖，后成为清朝名臣。淡简喜静，好读白（居易）、苏（轼）、陆（游）三家诗，喜佳茗，壮年即有山林之思，曾作《芙蓉双溪图记》以明志。有关他"六尺巷"的故事，至今仍传为美谈。著作有《笃素堂诗集》《笃素堂文集》《笃素堂杂著》《存诚堂诗集》《南巡扈从纪略》《易经衷论》《书经衷论》《四库著录》《聪训斋语》和《恒产琐言》等。

伟大力量。

那是在清代初年，在安徽桐城有一条小巷，巷子里居住着两户相邻的人家。一家姓张，家主张英是文华殿大学士、礼部尚书；另一家姓吴，家主为地方权贵，人称“吴大老爷”。

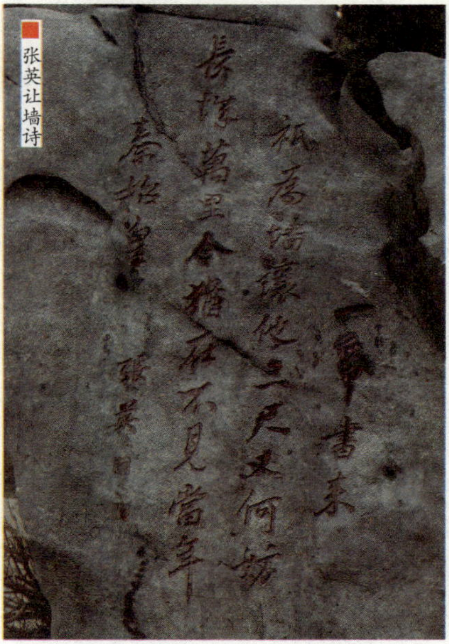
张英让墙诗

这两户人家，虽相邻多年，但并不来往。他们是左邻右舍，各走各的门，各用各的灶，井水不犯河水，倒也相安无事。

谁知这一年，张、吴两家同时大兴土木，翻建房屋，大有彰显荣贵之意。其实这本是各家自己的事，但问题是，这两户人家在翻建房屋时，都要将各自的山墙向外延伸，以扩大房基，结果引发了争吵。你不允我不依，一时间吵得天昏地暗，直吵到县衙老爷那里。

张、吴两家都是有权有势的人家，县衙老爷乃七品芝麻小官，岂敢轻易判决，以致官司迟迟没有结果。

张家因家主官大，见此小小官司竟迟迟无果，不免气愤难忍，没奈何只好给北京当大官的张英写信，并派管家持书星夜赶往京城，禀报在京的张英，希求张英出面干预，以振族威，出掉这口怨气。

远在京城的张英接到家书后，起初确也很气恼，好在他的妻子是一个知书达理的人，知道情况后淡淡一笑，劝丈夫道：“相邻相争，只为一墙，何至于如此呢！你是朝廷要臣，官居高位，对此区区小事，应该大度才是，让人几尺何妨？”

妻子接着说：“俗话讲‘金厝边、银乡邻，亲帮亲、邻帮邻’，

翰林 是皇帝的文学侍从官。翰林院从唐代开始设立，始为供职具有艺能人士的机构，但自唐玄宗后演变成了专门起草机密诏制的重要机构，院里任职的人称为“翰林学士”。明清两代改为从进士中选拔。明清两代的翰林学士，主管文翰，并备皇帝咨询，那时实权已相当于丞相了。

难得做邻居，理应互帮互让，何必为蝇头小利争得面红耳赤，打得头破血流，弄个两败俱伤呢？让一点风平浪静，让人三尺，并不是怯懦，而是舍利取福。”

张大人听了妻子的话，也觉得言之有理，顿时息怒，随即付书一封，交管家带回。

张家人接到张英来书，喜不自禁，以为张英一定有一个强硬的办法，或者有一条锦囊妙计。急急地拆开一看，却见书中仅有一首诗。这首诗写道：

千里来信只为墙，让他三尺又何妨？
万里长城今犹在，不见当年秦始皇。

这首《让墙诗》使张家人息怒默语，后来一合计，确实也只有“让”这唯一的办法。于是悄悄地将与吴家相邻的山墙拆除，退后3尺。

六尺巷遗迹

张家这一举动，使吴家很受震动，心中赞叹张英和他家人的旷达态度。吴家愧疚之余，也主动地将山墙退建3尺。

这样一来，使得张、吴两家宅居间形成了一条6尺宽的巷道。被称为“六尺巷”。

张家自张英以来，家族更是人才辈出，家族6代共出进士13人，其中入翰林者12人。张英长子张

六尺巷牌坊

廷瓒1679年进士，入翰林，官至詹事府少詹事；次子张廷玉 1700年进士，入翰林，官至保和殿大学士，雍正时期设立军机处，最初典章皆出其手，与鄂尔泰等同为军机大臣，而且恩遇最隆。

张英虽居高位，但能弘扬仁义，宣导谦让，主张宽容处世，大度待人，在处理邻里纠纷问题上，选择了以忍谋和、以让求睦，使得张、吴两家化干戈为玉帛。此巷虽宽了6尺，而在他的心胸中又宽了万丈，正所谓“心底无私天地宽”。

“六尺巷”故事已经远去，但这件事远远超出其本意：包容忍让，平等待人，作为中华民族的一种美德，从古至今，源远流长。

阅读链接

张英、张廷玉父子是安徽著名历史人物，两人在清代康熙、雍正、乾隆盛世居官数十年，参与了平藩、收台湾、征漠北、摊丁入亩、改土归流、编棚入户等一系列大政方针的制定和实行。对稳定当时政局，统一国家，强盛国计民生都起到了积极而重要的作用。两人是历史上著名的贤臣良相。

杨露禅千里拜恩师

清代礼仪涉及的范围广，尊卑差别大，但在尊师这一点上，则是与历史一脉相承。在古人心目中，尊师等同于孝道，有“一日为师，终身为父”之说。在清代武林中，太极大师杨露禅就非常讲究尊师敬师之道。

陈家沟太极拳石雕

杨露禅是清代末期武术家，他小时候家世贫寒，酷爱武术，稍大以后，就以卖水、卖土为生。由于天天推车练就了惊人的膂力。

杨露禅在有些功夫之后喜欢同人比试拳脚。

有一次，他给永年城太和堂药店运货，听说店

■ 杨露禅故居

伙计们都练绵拳。绵拳运好气之后不但能借人之力打人，而且能拨动千斤之物。由于他怀疑绵拳威力，便向人家提出比试，药店掌柜出场了。

杨露禅攥紧双拳，一个箭步，扑向掌柜。掌柜双手一迎，身子一闪，便躲过了。杨露禅要打第三拳时，忽觉身子右侧遭受到一种无法抗拒的力量，站立不住，向左倒去。杨露禅从来没被人三拳两拳击倒过，知道遇到了出奇高手，于是慌忙跪下赔礼讨教。

掌柜见他爽直诚恳，便向他讲出来历。原来，这太和堂是河南温县陈家沟陈德瑚进士开的。陈德瑚是绵拳创始人陈玉廷的后代，家有继承先祖拳业的兄长陈长兴。药店掌柜正是陈长兴的弟子。

杨露禅听后，立即再拜，要拜其为师。由于立有祖训，被掌柜拒绝。杨露禅并没有就此灰心。他立即回家，凑足路费，背上行李，星夜奔赴陈家沟。

陈家沟 是陈氏太极拳发祥地。位于河南省焦作市温县城东的清风岭中段，原名常阳村。明洪武年间，山西泽州人陈卜迁至该村，因村中有一条南北走向的深沟，随陈氏人丁繁衍，该村更名陈家沟。陈家沟也称“陈沟”，移居后即以陈卜为第一代。

太极拳雕塑

从永年到温县有近千千米路程，由于求师心切，杨露禅只用了半个月，到了陈家沟，在村子中间打听到了陈德瑚的家。

陈家门前堆放着许多柁檩砖石，一些人正往来搬运木料。杨露禅高兴极了，一路劳累一扫而光。可是他想：人家在修建房屋，怎好意思提起拜师学艺的事呢？还是先帮人家多干点活，待日后再想法求见师父吧！

这时只听有人大喊："上梁喽！"杨露禅立刻跑上前去，扛起一架大柁登上石阶，走到墙基边，稳稳当当地把大梁放下。

众人见了，齐声喝彩。陈德瑚闻声赶来，仔细端详了杨露禅，然后让人把他叫到账房，收留他当了小工。

陈德瑚把杨露禅只身扛大柁的事告诉了陈长兴。陈长兴怕是武林高手登门闹事，便急忙来到现场，只见杨露禅浓眉大眼，膀宽腰圆，虽年龄不大，却能毫不费力地将几百斤重的大柁搬到肩上，断定他定有功底。于是说了声："好！"接着说，"这位朋友，你能扛动大柁，我能试试吗？"

杨露禅见此人高不到5尺，消瘦干瘪，年近花甲，便说："大柁长有两丈，重有八百，我不费吹灰之力；您年高体瘦，哪能同俺这莽夫相比！"

陈长兴哈哈大笑，说："那咱们就比一比吧！我站在柁头，你如果拉我下来，我就认输！"

杨露禅想：不用说一个瘦老头，就是铜铁罗汉，俺也把他拉下来！于是说："拉不下来，俺就拜您为师。"

陈长兴把绳子系在腰间，另一头扔给杨露禅，一个箭步跳上大柁，说："朋友，拉吧！"

杨露禅用力一拉，没拉动，再一拉，又没拉动。他急了，于是使出了全身力气，身子都要贴到地面了，可是，陈长兴悠然自若，稳如泰山，却眼见着那大柁一点点下陷。杨露禅摇摇摆摆，汗水淋漓。

站在一旁的陈德瑚，担心兄长年老有失，连喊："停，停！"

杨露禅放下绳子，扑倒便拜："敢问大师尊姓大名！"

陈德瑚说："这就是兄长陈长兴！"

杨露禅听了后，激动得落下泪水来，立刻连连叩头说道："弟子久闻师父大名，不惜跋山涉水登门求艺，万望师父收下弟子吧！"

陈长兴默不作声。陈德瑚说："兄长，他千里寻师，可见心诚，你就收下他吧！"

太极拳

陈长兴（1771年—1853年），河南温县人。陈氏十四世孙。立身中正，形若木鸡，人称“牌位先生”。精于陈氏世传拳术。继以王宗岳《太极拳论》的理论，损益陈王廷所创长拳十三势，使其拳路系统化、定型化。为太极拳老架之代表。传授门徒众多，著名弟子有，其子陈耕耘、宗侄陈花悔、陈怀远、杨露禅（福魁）等。陈式太极拳十四世祖陈长兴，字云亭，著有《太极拳十大要论》《太极拳用武要言》《太极拳战斗篇》。

众人也七嘴八舌地帮腔，陈长兴却扬长而去。

杨露禅心想：师父收徒弟理应有个考验。我今天能见到师父就已心满意足。只要能让我在这干活，不愁实现不了求艺愿望。从此，陈家里里外外的脏活累活都被杨露禅包了。

一天，杨露禅听人说陈长兴天天深夜在花园里练功，就半夜起床，藏在花园的大槐树上。果然，见到陈长兴来到花园。只见他一招又一招地练了一遍又一遍。练完后，又回到屋睡觉去了。

杨露禅爬下树来，一边打扫庭院，一边琢磨陈长兴的招数。天亮了，众弟子都来跟师父练武，杨露禅也夹在中间。就这样，明学暗练，苦心琢磨不知过了多少天，受了多少累。

转眼到了腊月，长工们结账回家过年。可杨露禅既不结账，也不回家。陈德瑚知道了，觉得奇怪，就问：“露禅，你为什么不回家？”

陈式太极拳拳谱

杨露禅说：“东家待我实在是好，可有一样，我出来已经一年，连师父都没拜成，哪有脸面回家！”

陈德瑚被他的志气感动，就向兄长替他说出心事。陈长兴听了哈哈大笑道：“实不相瞒，我早破例将他收下了！”

杨露禅知道了，立刻跑到上房，喊了一声：“师父！”随即“扑通”一声跪在地下。

■ 杨式太极拳雕塑

陈长兴正要扶起，陈德瑚一摆手，说：“慢着，往日兄长收徒弟，要先练拳，后推手，再磕头。今天怎么啦？”

陈长兴说：“他每天三练功，早已掌握了内家拳的奥妙，成为自己人了！”

陈德瑚说：“那就叫他显显身手吧！”

杨露禅知道偷艺的事已被师父识破，只得说：“那就请东家和师父指教吧！”他凝神走身，练了一趟太极架子。陈长兴感慨地说：“他三更看，四更练，五更扫庭院，亮天以后又一遍。别看只学8个月，功勤胜3年！”

除夕，杨露禅在新落成的客厅里正式向陈长兴行了拜师大礼。陈长兴坐上座，杨露禅行三叩首之礼。

接着，师父陈长兴训话，教育徒弟杨露禅遵祖守规，勉励他做人要清白，学艺要刻苦等。陈氏家族相

内家拳 内家拳一说始见于明末清初《王征南墓志铭》。是相较于外家拳技而言的一种拳法理论。是源于古代战场韧柄武器使用方法，主要是大枪术。宋代韧柄武器已经开始大量出现，于是有了内家拳源于宋代岳飞之说。

传14代的绝技，从此第一次传给了“外人”。

后来，杨露禅将陈氏拳的招式进行了修改：缩减了高难动作，增加了简易招数。并且创新了器械，创立了太极刀、太极锤、太极枪等，使太极拳得以在各地普及开来。

1872年，73岁的杨露禅逝世。人们对他无比怀念、敬仰，称他为“太极大师”。

阅读链接

杨露禅在京都时，同乡武氏将他介绍京城张姓富豪。

有一次武师比武，一个拳师施了一个饿虎下山的招，气势汹汹地挥拳直奔杨露禅。杨露禅略一举手，那位拳师立即被打到几丈远的地方去了，跌得浑身血污。

另一位拳师立即跳上来挑战，结果也落得同样下场，其余人就吓得不敢再比了。

杨露禅在张家比武一事传开后，许多武术名家都远道来和杨露禅比武，华北各省的名家无论各门各派，皆非敌手，因此威震京城，人称“杨无敌”。

中华精神家园书系

建筑古蕴

壮丽皇宫：三大故宫的建筑壮景
宫殿怀古：古风犹存的历代华宫
古都遗韵：古都的厚重历史遗韵
千古都城：三大古都的千古传奇
王府胜景：北京著名王府的景致
府衙古影：古代府衙的历史遗风
古城底蕴：十大古城的历史风貌
古镇奇葩：物宝天华的古镇奇观
古村佳境：人杰地灵的千年古村
经典民居：精华浓缩的最美民居

古建之魂

千年名刹：享誉中外的佛教寺院
天下四绝：佛教的海内四大名刹
皇家寺院：御赐美名的著名古刹
寺院奇观：独特文化底蕴的名刹
京城宝刹：北京内外八刹与三山
道观杰作：道教的十大著名宫观
古塔瑰宝：无上玄机的魅力古塔
宝塔珍品：巧夺天工的非常古塔
千古祭庙：历代帝王庙与名臣庙

古建涵蕴

天下祭坛：北京祭坛的绝妙密码
祭祀庙宇：香火旺盛的各地神庙
绵延祠庙：传奇神人的祭祀圣殿
至圣尊崇：文化浓厚的孔孟祭地
人间天宫：非凡造诣的妈祖庙宇
祠庙典范：最具人文特色的祭祠
绝代王陵：气势恢宏的帝王陵园
王陵雄风：空前绝后的地下城堡
大宅揽胜：宏大气派的大户宅第
古街韵味：古色古香的千年古街

古建风雅

皇家御苑：非凡胜景的皇家园林
非凡胜景：北京著名的皇家园林
园林精粹：苏州园林特色与名园
秀美园林：江南园林特色与名园
园林千姿：岭南园林特色与名园
雄丽之园：北方园林特色与名园
亭台情趣：迷人的典型精品古建
楼阁雅韵：神圣典雅的古建象征
三大名楼：文人雅士的汇聚之所
古建古风：中国古典建筑与标志

文化遗迹

远古人类：中国最早猿人及遗址
原始文化：新石器时代文化遗址
王朝遗韵：历代都城与王城遗址
考古遗珍：中国的十大考古发现
陵墓遗存：古代陵墓与出土文物
石窟奇观：著名石窟与不朽艺术
石刻神工：古代石刻与文化艺术
岩画古韵：古代岩画与艺术特色
家居古风：古代建材与家居艺术
古道依稀：古代商贸通道与交通

物宝天华

青铜时代：青铜文化与艺术特色
玉石之国：玉器文化与艺术特色
陶器寻古：陶器文化与艺术特色
瓷器故乡：瓷器文化与艺术特色
金银生辉：金银文化与艺术特色
珐琅精工：珐琅器与文化之特色
琉璃古风：琉璃器与文化之特色
天然大漆：漆器文化与艺术特色
天然珍宝：珍珠宝石与艺术特色
天下奇石：赏石文化与艺术特色

古迹奇观

玉宇琼楼：分布全国的古建筑群
城楼古景：雄伟壮丽的古代城楼
历史开关：千年古城墙与古城门
长城纵览：古代浩大的防御工程
长城关隘：万里长城的著名关卡
雄关漫道：北方的著名古代关隘
千古要塞：南方的著名古代关隘
桥的国度：穿越古今的著名桥梁
古桥天姿：千姿百态的古桥艺术
水利古貌：古代水利工程与遗迹

山水灵性

母亲之河：黄河文明与历史渊源
中华巨龙：长江文明与历史渊源
江河之美：著名江河的文化源流
水韵雅趣：湖泊泉瀑与历史文化
东岳西岳：泰山华山与历史文化
五岳名山：恒山衡山嵩山的文化
三山美名：三山美景与历史文化
佛教名山：佛教名山的文化流芳
道教名山：道教名山的文化流芳
天下奇山：名山奇迹与文化内涵

自然遗产

天地厚礼：中国的世界自然遗产
地理恩赐：地质蕴含之美与价值
绝美景色：国家综合自然风景区
地质奇观：国家自然地质风景区
无限美景：国家自然山水风景区
自然名胜：国家自然名胜风景区
天然生态：国家综合自然保护区
动物乐园：国家动物自然保护区
植物王国：国家保护的野生植物
森林景观：国家森林公园大博览

西部沃土

古朴秦川：三秦文化特色与形态
龙兴之地：汉水文化特色与形态
塞外江南：陇右文化特色与形态
人类敦煌：敦煌文化特色与形态
巴山风情：巴渝文化特色与形态
天府之国：蜀文化的特色与形态
黔风贵韵：黔贵文化特色与形态
七彩云南：滇云文化特色与形态
八桂山水：八桂文化特色与形态
草原牧歌：草原文化特色与形态

东部风情

燕赵悲歌：燕赵文化特色与形态
齐鲁儒风：齐鲁文化特色与形态
吴越人家：吴越文化特色与形态
两淮之风：两淮文化特色与形态
八闽魅力：福建文化特色与形态
客家风采：客家文化特色与形态
岭南灵秀：岭南文化特色与形态
潮汕之根：潮州文化特色与形态
滨海风光：琼州文化特色与形态
宝岛台湾：台湾文化特色与形态

中部之魂

三晋大地：三晋文化特色与形态
华夏之中：中原文化特色与形态
陈楚风韵：陈楚文化特色与形态
地方显学：徽州文化特色与形态
形胜之区：江西文化特色与形态
淳朴湖湘：湖湘文化特色与形态
神秘湘西：湘西文化特色与形态
瑰丽楚地：荆楚文化特色与形态
秦淮画卷：秦淮文化特色与形态
冰雪关东：关东文化特色与形态

节庆习俗

普天同庆：春节习俗与文化内涵
张灯结彩：元宵习俗与彩灯文化
寄托哀思：清明祭祀与寒食习俗
粽情端午：端午节与赛龙舟习俗
浪漫佳期：七夕节俗与妇女乞巧
花好月圆：中秋节俗与赏月之风
九九踏秋：重阳节俗与登高赏菊
千秋佳节：传统节日与文化内涵
民族盛典：少数民族节日与内涵
百姓聚欢：庙会活动与赶集习俗

民风根源

血缘脉系：家族家谱与家庭文化
万姓之根：姓氏与名字号及称谓
生之由来：生庚生肖与寿诞礼俗
婚事礼俗：嫁娶礼俗与结婚喜庆
人生遵俗：人生处世与礼俗文化
幸福美满：福禄寿喜与五福临门
礼仪之邦：古代礼制与礼仪文化
祭祀庆典：传统祭典与祭祀礼俗
山水相依：依山傍水的居住文化

衣食天下

衣冠楚楚：服装艺术与文化内涵
凤冠霞帔：佩饰艺术与文化内涵
丝绸锦缎：古代纺织精品与布艺
绣美中华：刺绣文化与四大名绣
以食为天：饮食历史与筷子文化
美食中国：八大菜系与文化内涵
中国酒道：酒历史酒文化的特色
酒香千年：酿酒遗址与传统名酒
茶道风雅：茶历史茶文化的特色

国风美术

丹青史话：绘画历史演变与内涵
国画风采：绘画方法体系与类别
独特画派：著名绘画流派与特色
国画瑰宝：传世名画的绝色魅力
国风长卷：传世名画的大美风采
艺术之根：民间剪纸与民间年画
影视鼻祖：民间皮影戏与木偶戏
国粹书法：书法历史与艺术内涵
翰墨飘香：著名书法名作与艺术
行书天下：著名行书精品与艺术

汉语之魂

汉语源流：汉字汉语与文章体类
文学经典：文学评论与作品选集
古老哲学：哲学流派与经典著作
史册汗青：历史典籍与文化内涵
统御之道：政论专著与文化内涵
兵家韬略：兵法谋略与文化内涵
文苑集成：古代文献与经典专著
经传宝典：古代经传与文化内涵
曲苑音坛：曲艺说唱项目与艺术
曲艺奇葩：曲艺伴奏项目与艺术

博大文学

神话魅力：神话传说与文化内涵
民间相传：民间传说与文化内涵
英雄赞歌：四大英雄史诗与内涵
灿烂散文：散文历史与艺术特色
诗的国度：诗的历史与艺术特色
词苑漫步：词的历史与艺术特色
散曲奇葩：散曲历史与艺术特色
小说源流：小说历史与艺术特色
小说经典：著名古典小说的魅力

歌舞共娱

古乐流芳：古代音乐历史与文化
钧天广乐：古代十大名曲与内涵
八音古乐：古代乐器与演奏艺术
鸾歌凤舞：古代大曲历史与艺术
妙舞长空：舞蹈历史与文化内涵
体育古项：体育运动与古老项目
民俗娱乐：民俗运动与古老项目
刀光剑影：器械武术种类与文化
快乐游艺：古老游艺与文化内涵
开心棋牌：棋牌文化与古老项目

科技回眸

创始发明：四大发明与历史价值
科技首创：万物探索与发明发现
天文回望：天文历史与天文科技
万年历法：古代历法与岁时文化
地理探究：地学历史与地理科技
数学史鉴：数学历史与数学成就
物理源流：物理历史与物理科技
化学历程：化学历史与化学科技
农学春秋：农学历史与农业科技
生物寻古：生物历史与生物科技

文化标记

龙凤图腾：龙凤崇拜与舞龙舞狮
吉祥如意：吉祥物品与文化内涵
花中四君：梅兰竹菊与文化内涵
草木有情：草木美誉与文化象征
雕塑之韵：雕塑历史与艺术内涵
壁画遗韵：古代壁画与古墓丹青
雕刻精工：竹木骨牙角匏与工艺
百年老号：百年企业与文化传统
特色之乡：文化之乡与文化内涵

杰出人物

文韬武略：杰出帝王与励精图治
千古忠良：千古贤臣与爱国爱民
将帅传奇：将帅风云与文韬武略
思想宗师：先贤思想与智慧精华
科学鼻祖：科学精英与求索发现
发明巨匠：发明天工与创造英才
文坛泰斗：文学大家与传世经典
诗神巨星：天才诗人与妙笔华篇
画界巨擘：绘画名家与绝代精品
艺术大家：艺术大师与杰出之作

戏苑杂谈

梨园春秋：中国戏曲历史与文化
古戏经典：四大古典悲剧与喜剧
关东曲苑：东北戏曲种类与艺术
京津大戏：北京与天津戏曲艺术
燕赵戏苑：河北戏曲种类与艺术
三秦戏苑：陕西戏曲种类与艺术
齐鲁戏台：山东戏曲种类与艺术
中原曲苑：河南戏曲种类与艺术
江淮戏话：安徽戏曲种类与艺术

千秋教化

教育之本：历代官学与民风教化
文武科举：科举历史与选拔制度
教化于民：太学文化与私塾文化
官学盛况：国子监与学宫的教育
朗朗书院：书院文化与教育特色
君子之学：琴棋书画与六艺课目
启蒙经典：家教蒙学与文化内涵
文房四宝：纸笔墨砚及文化内涵
刻印时代：古籍历史与文化内涵
金石之光：篆刻艺术与印章碑石

悠久历史

古往今来：历代更替与王朝千秋
天下一统：历代统一与行动韬略
太平盛世：历代盛世与开明之治
变法图强：历代变法与图强革新
古代外交：历代外交与文化交流
选贤任能：历代官制与选拔制度
法治天下：历代法制与公正严明
古代税赋：历代赋税与劳役制度
三农史志：历代农业与土地制度
古代户籍：历代区划与户籍制度

信仰之光

儒学根源：儒学历史与文化内涵
文化主体：天人合一的思想内涵
处世之道：传统儒家的修行法宝
上善若水：道教历史与道教文化

梨园谱系

苏沪大戏：江苏上海戏曲与艺术
钱塘戏话：浙江戏曲种类与艺术
荆楚戏台：湖北戏曲种类与艺术
潇湘梨园：湖南戏曲种类与艺术
滇黔好戏：云南贵州戏曲与艺术
八桂梨园：广西戏曲种类与艺术
闽台戏苑：福建戏曲种类与艺术
粤琼戏话：广东戏曲种类与艺术
赣江好戏：江西戏曲种类与艺术

传统美德

君子之为：修身齐家治国平天下
刚健有为：自强不息与勇毅力行
仁爱孝悌：传统美德的集中体现
谦和好礼：为人处世的美好情操
诚信知报：质朴道德的重要表现
精忠报国：民族精神的巨大力量
克己奉公：强烈使命感和责任感
见利思义：崇高人格的光辉写照
勤俭廉政：民族的共同价值取向
笃实宽厚：宽厚品德的生活体现

历史长河

兵器阵法：历代军事与兵器阵法
战事演义：历代战争与著名战役
货币历程：历代货币与钱币形式
金融形态：历代金融与货币流通
交通巡礼：历代交通与水陆运输
商贸纵观：历代商业与市场经济
印纺工业：历代纺织与印染工艺
古老行业：三百六十行由来发展
养殖史话：古代畜牧与古代渔业
种植细说：古代栽培与古代园艺

强健之源

中国功夫：中华武术历史与文化
南拳北腿：武术种类与文化内涵
少林传奇：少林功夫历史与文化